Abdoul Hamid Derra

Le Chemin de la Foi La Méditation Islamique

Abdoul Hamid Derra

Le Chemin de la Foi La Méditation Islamique

La Méditation Islamique

Éditions Croix du Salut

Imprint

Cover image: www.ingimage.com

Publisher:
Éditions Croix du Salut
is a trademark of
Dodo Books Indian Ocean Ltd. and OmniScriptum S.R.L Publishing group
Str. Armeneasca 28/1, office 1, Chisinau-2012, Republic of Moldova, Europe
Printed at: see last page
ISBN: 978-620-3-84486-3

LE CHEMIN DE LA FOI

LA MEDITATION ISLAMIQUE

LE BONHEUR

DIEU A DIT:

- *"N'EST-CE POINT PAR L'EVOCATION DE DIEU QUE SE TRANQUILLISENT LES CŒURS?".* ***(CORAN 13/28).***
- *"QUICONQUE, MALE OU FEMELLE, FAIT UNE BONNE ŒUVRE TOUT EN ETANT CROYANT, NOUS LUI FERONS VIVRE UNE BONNE VIE. ET NOUS LES RECOMPENSERONS, CERTES, EN FONCTION DES MEILLEURES DE LEURS ACTIONS".* ***(CORAN 16/97).***
- *"ET QUICONQUE SE DETOURNE DE MON RAPPEL, MENERA CERTES, UNE VIE PLEINE DE GENE".* ***(CORAN 20/124).***
- *"SI BIEN QUE, TOUTE VASTE QU'ELLE FUT, LA TERRE LEUR PARAISSAIT EXIGUË; ILS SE SENTAIENT A L'ETROIT, DANS LEUR PROPRE PERSONNE ET ILS PENSAIENT QU'IL N'Y AVAIT D'AUTRE REFUGE DE DIEU QU'AUPRES DE LUI".* ***(CORAN 9/118).***
- *"ET QUAND LE MALHEUR TOUCHE L'HOMME, IL FAIT APPEL A NOUS, COUCHE SUR LE COTE, ASSIS, OU DEBOUT. PUIS QUAND NOUS LE DELIVRONS DE SON MALHEUR, IL S'EN VA COMME S'IL NE NOUS AVAIT POINT IMPLORE POUR UN MAL QUI L'A TOUCHE. C'EST AINSI QUE FURENT EMBELLIES AUX OUTRANCIERS LEURS ACTIONS".* ***(CORAN 10/12).***

LES GENS ONT EMPRUNTE DIVERS CHEMINS POUR TENTER DE TROUVER LE BONHEUR : CERTAINS ONT CRU LE TROUVER DANS L'ARGENT, DANS LES DROGUES, DANS LA MUSIQUE OU LA MEDITATION, TANDIS QUE D'AUTRES L'ONT CHERCHE DANS LEUR CARRIERE PROFESSIONNELLE OU A TRAVERS LEURS ENFANTS, ETC. DE NOS JOURS, ON NOUS A AMENES A CROIRE QUE LA TECHNOLOGIE MODERNE PEUT NOUS APPORTER UN CONFORT PHYSIQUE A TRAVERS LEQUEL LA PAIX INTERIEURE EST POSSIBLE.

MAIS CE RAISONNEMENT NE TIENT PAS LA ROUTE, PUISQU'AUX ÉTATS-UNIS, CONSIDEREE COMME LA NATION LA PLUS INDUSTRIALISEE DU MONDE, IL Y A 20 MILLIONS DE PERSONNES QUI SOUFFRENT CHAQUE ANNEE DE DEPRESSION NERVEUSE. CELA PEUT EXPLIQUER POURQUOI CERTAINES PERSONNES SE SUICIDENT ALORS QU'ELLES JOUISSENT DU CONFORT MATERIEL QUE PEUT ACHETER L'ARGENT.

PAR EXEMPLE, LA FILLE DE MONSIEUR ***JACQUES ONASSIS****, LE PLUS GRAND MILLIARDAIRE DU MONDE, S'EST SUICIDEE SUITE A UNE DEPRESSION NERVEUSE AIGUE. AU CONTRAIRE, CAT STEVENS, UN CHANTEUR TRES POPULAIRE, ETAIT TOUJOURS DEPRIME AVANT SA CONVERSION A L'ISLAM, BIEN QU'IL GAGNE PLUS DE 250000 $ PAR SOIREE.*

MAIS APRES SA CONVERSION A L'ISLAM, IL A TROUVE LE VERITABLE BONHEUR ET LA PAIX INTERIEURE QU'IL N'AVAIT PU TROUVER DANS LA REUSSITE MATERIELLE. IL NE FAUT PAS CONFONDRE LES PLAISIRS DE LA VIE AVEC LE VRAI BONHEUR, NOUS TIRONS UN PLAISIR DE NOMBREUSES CHOSES, QUE CE SOIT DE L'ARGENT, DES RELATIONS SEXUELLES OU D'AUTRES ACTIVITES.

TOUS CES PLAISIRS NE DURENT PAS TRES LONGTEMPS : PAR CONTRE, LE VRAI BONHEUR EST UN SENTIMENT DE STABILITE PSYCHIQUE CAPABLE DE NOUS FAIRE SURMONTER LES DIFFICULTES QUI SE PRESENTENT A NOUS, AU COURS DE NOTRE VIE. DIEU DIT DANS LE CORAN :

- *"NOUS AVONS, CERTES, CREE L'HOMME POUR UNE VIE DE LUTTE".* ***(CORAN 90/4).***

- *"TRES CERTAINEMENT, NOUS VOUS EPROUVERONS PAR UN PEU DE PEUR, DE FAIM ET DE DIMINUTION DE BIENS, DE PERSONNES ET DE FRUITS. ET FAIS LA BONNE ANNONCE AUX ENDURANTS".* ***(CORAN 2/155).***

DONC POUR SURMONTER LES DIFFICULTES DE LA VIE, (PROBLEMES FINANCIERS, FAMILIAUX, PROFESSIONNELS, DE SANTE, ETC.), L'HOMME A BESOIN DE PATIENCE, QUI NE PEUT SE MANIFESTER QUE S'IL POSSEDE UNE VERITABLE PAIX INTERIEURE. LES PROBLEMES DE LA VIE SONT DES CHOSES QUE DIEU NOUS A DESTINEES ET QUI ECHAPPENT TOTALEMENT A NOTRE CONTROLE. C'EST LE CAS D'UNE PERSONNE QUI NAIT PAUVRE DANS UN MONDE QUI FAVORISE LES RICHES OU QUI NAIT AVEC UNE INCAPACITE PHYSIQUE (HANDICAP).

NOUS N'AVONS PAS CHOISI NOTRE FAMILLE NI NOTRE PAYS DANS LEQUEL NOUS SOMMES NES, NOUS N'AVONS PAS CHOISI NOTRE CORPS, NI NOTRE MALADIE, NOUS N'AVONS PAS PARTICIPE A TOUTES CES DECISIONS. POUR CELA, NOUS DEVONS AVOIR DE LA PATIENCE ET COMPRENDRE QUE CE QUI NOUS ARRIVE MALGRE NOUS, DIEU Y A MIS QUELQUE CHOSE DE BIEN, QUE NOUS ARRIVIONS OU NON A EN SAISIR L'ASPECT POSITIF. NOUS DEVONS DONC L'ACCEPTER. DIEU DIT DANS LE CORAN :

- *"OR, IL SE PEUT QUE VOUS AYEZ DE L'AVERSION POUR UNE CHOSE ALORS QU'ELLE VOUS EST UN BIEN. ET IL SE PEUT QUE VOUS AIMIEZ UNE CHOSE ALORS QU'ELLE VOUS EST MAUVAISE. C'EST DIEU QUI SAIT, ALORS QUE VOUS NE SAVEZ PAS".* ***(CORAN 2/216).***

AINSI, LA PAIX INTERIEURE NE PEUT ETRE ATTEINTE QUE SI NOUS ARRIVONS A ACCEPTER AVEC PATIENCE CES OBSTACLES QUI ECHAPPENT A NOTRE CONTROLE ET A RECONNAITRE QU'ILS FONT PARTIE DU DESTIN QUE DIEU A DECIDE POUR NOUS.

TELLE EST LA NATURE VERITABLE DE L'ETRE HUMAIN. LA PERSONNE QUI DEVIENT ATHEE SANS QUE PERSONNE NE LUI AIT PARLE D'ATHEISME, LE DEVIENT SOUVENT SUITE A UNE TRAGEDIE QU'ELLE N'EST PAS PARVENUE A EXPLIQUER.

C'EST LE CAS DE LA MORT D'UNE PERSONNE AIMEE DE TOUS, D'UN ENFANT, D'UNE MERE, OU D'UN PERE. ALORS LA PERSONNE SE POSE LA QUESTION : POURQUOI SON ENFANT EST-IL MORT, ET PAS CELUI D'UN AUTRE ? C'EST SUITE A CE GENRE DE TRAGEDIES QUE LA PERSONNE COMMENCE A PENSER QUE DIEU NE PEUT EXISTER, CAR IL NE PERMETTRAIT PAS QUE DE TELLES CHOSES SE PRODUISENT. TELLE EST LA NATURE DE NOS VIES.

CERTAINES CHOSES ARRIVENT, QUI NOUS APPARAISSENT COMME NEGATIVES, ET NOUS LES VOYONS COMME DES OBSTACLES A NOTRE PAIX INTERIEURE, PARCE QUE NOUS NE LES COMPRENONS PAS OU NE SAISISSONS PAS LA RAISON POUR LAQUELLE ELLES NOUS SONT ARRIVEES A NOUS. MAIS NOUS DEVONS APPRENDRE A LES ACCEPTER, CAR CES CHOSES VIENNENT DE DIEU ET NOUS DEVONS CROIRE QU'AU BOUT DU COMPTE, IL Y A DU BON EN ELLES, QUE NOUS SOYONS EN MESURE DE LE VOIR OU NON.

POUR FAIRE DISPARAITRE LES PROBLEMES DE LA VIE, NOUS DEVONS SURTOUT NOUS CONCENTRER SUR LES CHANGEMENTS QUE NOUS POUVONS APPORTER EN NOUS-MEMES, CAR DIEU DIT DANS LE CORAN :

- *"EN VERITE, DIEU NE MODIFIE POINT L'ETAT D'UN PEUPLE, TANT QUE LES [INDIVIDUS QUI LE COMPOSENT] NE MODIFIENT PAS CE QU'EST EN EUX-MEMES".* ***(CORAN 13/11).***

DONC SANS CHANGEMENTS, IL N'Y A AUCUN ESPOIR DE SURMONTER LES PROBLEMES DE LA VIE. PARMI CES CHANGEMENTS, IL FAUT APPRENDRE A DEVELOPPER NOTRE PATIENCE. UN HOMME VINT VOIR LE PROPHETE (SAS) ET LUI DEMANDA CE QU'IL DEVAIT FAIRE POUR POUVOIR ENTRER AU PARADIS. LE PROPHETE (SAS) LUI REPONDIT :

"NE TE METS PAS EN COLERE". ***(BOKHARI).***

DONC, MODIFIER SON COMPORTEMENT ET AMELIORER SON CARACTERE POUR EVITER LA COLERE SONT DES CHOSES POSSIBLES. CELA SIGNIFIE QUE MEME SI CERTAINS INDIVIDUS SEMBLENT NES PLUS PATIENTS QUE D'AUTRES, IL N'EST PAS IMPOSSIBLE DE DEVELOPPER LA PATIENCE. LE PROPHETE (SAS) A DIT :

*"QUICONQUE DESIRE VRAIMENT DEVENIR PATIENT,
DIEU LUI DONNERA DE LA PATIENCE".* ***(BOKHARI).***

AU DEBUT DU 20EME SIECLE LES PSYCHIATRES ONT CONSEILLE AUX GENS DE NE PAS REPRIMER LEUR COLERE, MAIS DE L'EXPRIMER, EN PENSANT QUE RETENIR TOUT A L'INTERIEUR FAIT COURIR UN RISQUE D'EXPLOSER.

OR IL A ETE DECOUVERT RECEMMENT QUE LORSQUE LES GENS EXPRIMENT LEUR COLERE, DE PETITS VAISSEAUX SANGUINS ECLATENT DANS LEUR CERVEAU, A CAUSE DE LA PRESSION, CE QUI CONDUIT A DES INFARCTUS DU MYOCARDE OU A DES ACCIDENTS VASCULAIRES CEREBRAUX, QUI PEUVENT ETRE DANGEREUX, ET MEME FATALS.

AINSI, IL VAUT MIEUX TOUJOURS SE MONTRER PATIENT DEVANT LES GENS, AFIN DE DEVELOPPER LA PATIENCE PROGRESSIVEMENT. CETTE IMAGE EXTERIEURE DE PATIENCE FINIRA PAR SE REFLETER INTERIEUREMENT ET NOUS FINIRONS PAR DEVENIR PATIENTS.

PARMI LES AUTRES CHANGEMENTS QUE NOUS DEVONS APPORTER EN NOUS-MEMES, IL FAUT APPRENDRE A REGARDER CEUX QUI SONT PLUS PAUVRES QUE NOUS, ET NON PAS REGARDER CEUX QUI SONT PLUS RICHES, CAR IL Y A TOUJOURS PLUS MALHEUREUX QUE NOUS.

NOUS SERONS AINSI PLUS RECONNAISSANTS ENVERS DIEU POUR LES BIENFAITS DONT IL NOUS COMBLE. C'EST DONC DE CETTE FAÇON QUE NOUS DEVONS ABORDER NOTRE SITUATION MATERIELLE EN CETTE VIE. LE PROPHETE (SAS) A DIT :

- *"NE REGARDEZ PAS CEUX AU-DESSUS DE VOUS, QUI SONT PLUS RICHES QUE VOUS ; REGARDEZ PLUTOT CEUX QUI SONT AU-DESSOUS DE VOUS, CEUX QUI SONT PLUS PAUVRES QUE VOUS".*

PAR CONSEQUENT, SI NOUS CONSIDERONS L'ACQUISITION DES BIENS COMME UN BUT EN SOI, NOUS NE SERONS JAMAIS SATISFAITS DE NOTRE SITUATION MATERIELLE, CAR PLUS UNE PERSONNE POSSEDE DE BIENS, PLUS ELLE EN VEUT. LE PROPHETE (SAS) LE CONFIRME DANS SON HADITH :

*« SI VOUS DONNEZ AU FILS D'ADAM UNE VALLEE REMPLIE D'OR,
IL EN VOUDRA UNE DEUXIEME ». **(MOUSLIM).***

NOUS DEVONS GARDER A L'ESPRIT QUE NUL N'OBTIENDRA DE CE MONDE PLUS QUE CE QUE DIEU A DEJA ECRIT POUR LUI, MEME SI ELLE DEPLOIE DES TRESORS D'ENERGIE ET D'IMAGINATION. LORSQUE DIEU ENRICHIT LE CŒUR D'UNE PERSONNE, LES CHOSES DE CE MONDE VIENNENT A ELLE EN TOUTE SOUMISSION ET EN TOUTE HUMILITE. UNE TELLE PERSONNE N'AURA PAS A COURIR APRES CES CHOSES, PAS PLUS QU'ELLE N'EN AURA ENVIE.

LE PROPHETE (SAS) A DIT :

- *"QUICONQUE FAIT DE L'AU-DELA SON OBJECTIF ULTIME, DIEU LUI FACILITE SES AFFAIRES, LUI ACCORDE LA RICHESSE DU CŒUR, ET LES CHOSES DE CE MONDE VIENDRONT A LUI EN TOUTE SOUMISSION".* ***(BIN MAJA).***

C'EST DONC PAR L'EVOCATION DE DIEU, QUE LE CŒUR TROUVE LA TRANQUILLITE. C'EST EN VIVANT SA VIE AVEC DIEU A L'ESPRIT, QU'ON PEUT ATTEINDRE LA PAIX INTERIEURE ET LE BONHEUR. DIEU DIT :

- *"CERTES, C'EST MOI DIEU : POINT DE DIVINITE QUE MOI. ADORE-MOI DONC ET ACCOMPLIS LA SALAT POUR LE SOUVENIR DE MOI".* ***(CORAN 20/14).***

TOUTE PERSONNE SINCERE DOTEE D'INTELLIGENCE ET DE CONSCIENCE DEVRAIT ORGANISER SA VIE SELON LES ENSEIGNEMENTS MORAUX DU CORAN CAR CECI APPORTE LE VRAI BONHEUR. DIEU A DIT :

- *"PAR CECI (LE CORAN), DIEU GUIDE AUX CHEMINS DU SALUT CEUX QUI CHERCHENT SON AGREMENT. ET IL LES FAIT SORTIR DES TENEBRES A LA LUMIERE PAR SA GRACE. ET IL LES GUIDE VERS UN CHEMIN DROIT".* ***(CORAN 5/16).***

EN REVANCHE IL Y A DES GENS QUI VIVENT LOIN DE LA MORALITE RELIGIEUSE, NE PENSENT JAMAIS A DIEU, ET NE SE POSENT PAS DE QUESTIONS : QUI A CREE LA VIE SUR TERRE ? ET POURQUOI NOUS SOMMES VENUS AU MONDE ? LE VRAI CROYANT EST TOUJOURS CONSCIENT DE L'EXISTENCE DE DIEU. IL SAIT POURQUOI DIEU L'A CREE, ET CE QU'IL ATTEND DE LUI. SON UNIQUE BUT DANS LA VIE EST DE GAGNER LA SATISFACTION DE DIEU. DIEU A DIT :

- *"JE N'AI CREE LES DJINNS ET LES HOMMES QUE POUR QU'ILS M'ADORENT".* ***(CORAN 5/56).***

L'AMOUR DE DIEU EST UN SENTIMENT PROFOND QUI SE COMPOSE A LA FOIS DE SOUMISSION, DE CONFIANCE, DE RESPECT ET D'ADMIRATION. UNE PERSONNE QUI AIME DIEU, VA APPLIQUER STRICTEMENT SES COMMANDEMENTS, ET EVITER SES INTERDITS. L'HOMME DOIT SAVOIR QUE DIEU DESTINE ASSUREMENT LE BIEN DANS TOUT CE QUI PEUT ARRIVER. EN EFFET, UNE PERSONNE PEUT ETRE CONDAMNEE PAR UNE MALADIE, UN ACCIDENT, DES INJUSTICES ET PERTE DE FORTUNE. L'HOMME DOIT SAVOIR QUE TOUT EST SOUS LE CONTROLE PERMANENT DE DIEU. DANS CE CAS, IL REMERCIE DIEU QUELLES QUE SOIENT SES CONDITIONS DE VIE.

DIEU REVELE DANS LE CORAN QU'IL ACCEPTERA LE REPENTIR DES HOMMES MAIS PAS A L'HEURE DE LEUR MORT, MEME SI CHACUN A L'OCCASION DE SE REPENTIR DE SES PECHES JUSQU'A LA FIN DE SA VIE. DIEU N'A FIXE AUCUNE LIMITE QUANT A LA POSSIBILITE DE DEMANDER LE PARDON. UNE PERSONNE PEUT AVOIR COMMIS LE PIRE DES CRIMES OU ENCORE AVOIR EU UNE ATTITUDE IRRELIGIEUSE.

MALGRE TOUT CELA, SI LA PERSONNE SE REPENT SINCEREMENT, DIEU REVELE QU'IL PEUT ACCEPTER LE REPENTIR DE CETTE PERSONNE PAR SA SEULE VOLONTE. GENERALEMENT, LES HOMMES NE PRIENT DIEU QUE DANS LES MOMENTS DIFFICILES : LORS D'UNE MALADIE, D'UN PROBLEME OU D'UNE CATASTROPHE DANS LEUR VIE.

CELLES QUI CHERCHENT REFUGE AUPRES DE DIEU DANS CE MOMENT-LA CHANGENT AUSSITOT QUE LEUR SITUATION EST REGLEE ET DES QU'ELLES SERONT SECOURUES ET LIBEREES DE LEURS SOUCIS. CETTE MANIERE HYPOCRITE DE SE COMPORTER EST CITEE DANS LE CORAN :

- *"QUAND UNE VAGUE LES RECOUVRE COMME DES OMBRES, ILS INVOQUENT DIEU, VOUANT LEUR CULTE EXCLUSIVEMENT A LUI ; ET LORSQU'IL LES SAUVE, EN LES RAMENANT VERS LA TERRE FERME, CERTAINS D'ENTRE EUX DEVIENNENT RETICENTS ; MAIS, SEUL LE GRAND TRAITRE ET LE GRAND INGRAT RENIENT NOS SIGNES".* ***(CORAN 31/32).***

POUR AVOIR LE VRAI BONHEUR, IL FAUT ETRE EN HARMONIE AVEC LA CONSCIENCE, OR CELLE-CI EST SOUS LE CONTROLE DE DIEU. AINSI IL EST IMPOSSIBLE POUR UNE PERSONNE MECREANTE D'ETRE HEUREUSE. DIEU A REVELE QUE L'HOMME NE PEUT ATTEINDRE LE VRAI BONHEUR QUE PAR LA VOIE DE LA FOI :

- *"CEUX QUI ONT CRU, ET DONT LES CŒURS SE TRANQUILLISENT A L'EVOCATION DE DIEU. N'EST-CE POINT PAR L'EVOCATION DE DIEU QUE SE TRANQUILLISENT LES CŒURS ?".* ***(CORAN 13/28).***

*LE MONDE EST UN LIEU TEMPORAIRE CREE PAR DIEU POUR METTRE A L'EPREUVE L'ETRE HUMAIN. LA VRAIE VIE, C'EST CELLE APRES LA MORT. EN CONSEQUENCE, TOUT CE QUI SEDUIT LES HOMMES ET LES PREOCCUPE DURANT CETTE VIE EPHEMERE N'EST QUE PROVISOIRE ET "**PLAISIR ILLUSOIRE**".*

LES OBJETS DE VALEUR, LE CAPITAL, LES BIENS, LES EPOUSES RICHES ET BELLES, LES ENFANTS, LA BONNE SANTE ET LES BELLES MAISONS, TOUTES CES VALEURS EPHEMERES ENCHAINENT LES HOMMES A CE BAS MONDE.

DIEU MET EN GARDE LES HOMMES CONTRE CETTE DECEPTION, LEUR RAPPELANT QUE LA VRAIE BELLE DEMEURE EST AUPRES DE DIEU. ÊTRE SATISFAIT DE LA VIE DANS CE BAS MONDE SIGNIFIE NEGLIGER TOTALEMENT LA VIE DANS L'AU-DELA, ET NE VIVRE QUE POUR CE MONDE.

DE TELLES PERSONNES PREFERENT LA VIE ICI-BAS QUI NE DURE QUE 60 OU 70 ANS AU PLUS, A LA VIE ETERNELLE DE L'AU-DELA. ELLES OUBLIENT QUE LA VIE AU PARADIS EST ABSOLUE ET INFINIE. LA VIE DANS CE MONDE LEUR PARAISSANT SI PROCHE ET CELLE DE L'AU-DELA SI LOINTAINE, LEUR DESIR EST AVANT TOUT DE PROFITER DE CE MONDE. LEUR PLUS GRAVE ERREUR EST DE NE PAS PREPARER LEUR VIE POUR L'AU-DELA. DIEU DIT :

- *"CEUX QUI N'ESPERENT PAS NOTRE RENCONTRE, QUI SONT SATISFAITS DE LA VIE PRESENTE ET S'Y SENTENT EN SECURITE, ET CEUX QUI SONT INATTENTIFS A NOS SIGNES [OU VERSETS], LEUR REFUGE SERA LE FEU, POUR CE QU'ILS ACQUERAIENT".* ***(CORAN 10/7-8).***

QUE L'HOMME NE SOIT PAS SANCTIONNE SUR LE CHAMP POUR SES ERREURS NE DEVRAIT EN AUCUNE FAÇON ETRE UNE INCITATION A LA NEGLIGENCE. DIEU DONNE AUX HOMMES UN TEMPS FIXE ET LES EPROUVE AINSI POUR CONNAITRE LEURS MANIERES D'AGIR. IL PROMET LA VIE ETERNELLE A CEUX QUI FONT LE BIEN ET LE CHATIMENT DE L'ENFER A CEUX QUI COMMETTENT LE MAL. AUSSI, UN HOMME QUI N'EST PAS IMMEDIATEMENT SANCTIONNE POUR LE MAL QU'IL A COMMIS NE DEVRAIT PAS SE MEPRENDRE.

BIEN AU CONTRAIRE, IL DEVRAIT IMMEDIATEMENT REALISER QU'ON LUI A DONNE UN DELAI POUR SE REPENTIR. UNE PERSONNE RAISONNABLE DOIT SAISIR CHAQUE OCCASION POUR SE REPENTIR DE SES ERREURS, LES CORRIGER ET S'EFFORCER DE NE PLUS LES REPRODUIRE. DIEU AFFIRME DANS LE CORAN QUE LE MEILLEUR OBJECTIF DE L'HOMME EST L'AU-DELA :

- *"LA PRESENTE VIE N'EST QUE JEU ET AMUSEMENT. LA DEMEURE DANS L'AU-DELA SERA MEILLEURE POUR CEUX QUI SONT PIEUX. EH BIEN, NE COMPRENEZ-VOUS PAS ?".* ***(CORAN 6/32).***

LES FAIBLESSES TELLES QUE LA MALADIE, L'INCAPACITE, ET LA PAUVRETE SONT DES FACTEURS INHERENTS A LA NATURE HUMAINE, VOLONTAIREMENT CREES PAR DIEU, POUR NOUS FAIRE PRENDRE CONSCIENCE DU CARACTERE EPHEMERE DE LA VIE ICI-BAS. CES FAIBLESSES SONT EN FAIT DES BENEDICTIONS QUE DIEU ACCORDE A SES SERVITEURS. C'EST POURQUOI, ON NE DEVRAIT JAMAIS PERDRE DE VUE CE FAIT ESSENTIEL, ET PRENDRE POUR CONFIDENT DIEU, CAR DANS LE DESTIN QUE DIEU A PRESCRIT A L'HOMME IL Y A UN BIEN INFINI ET UNE GRANDE SAGESSE QUE L'ON NE PEUT PAS PERCEVOIR.

ÊTRE INSATISFAIT DE SA CONDITION, SE PLAINDRE DE SON INDIGENCE, DE SON PHYSIQUE INGRAT OU ENCORE DE LA MALADIE DONT ON SOUFFRE, N'EST PAS COMPATIBLE AVEC LA MORALE DU CORAN. FACE A LA MALADIE, L'HOMME DEVRA ACCEPTER LE SORT QUE DIEU LUI A DETERMINE.

IL EST IMPORTANT DE PRECISER QU'UNE PERSONNE QUI PASSE SES JOURNEES A SE PLAINDRE ET QUI N'EST JAMAIS SATISFAITE DE SA SITUATION EST EN REALITE UNE PERSONNE QUI REJETTE TOUTES LES BENEDICTIONS QUE DIEU LUI A TOUJOURS ACCORDEES. C'EST SANS AUCUN DOUTE DE L'INGRATITUDE ENVERS DIEU. LE COMPORTEMENT IDEAL QUE LES CROYANTS DEVRAIENT AVOIR EST AINSI DECRIT DANS LE CORAN :

- *"DIS : « RIEN NE NOUS ATTEINDRA, EN DEHORS DE CE QUE DIEU A PRESCRIT POUR NOUS. IL EST NOTRE PROTECTEUR. C'EST EN DIEU QUE LES CROYANTS DOIVENT METTRE LEUR CONFIANCE »".* ***(CORAN 9/51).***

BIEN QUE LES CROYANTS ACCEPTENT L'EXISTENCE DE L'AU-DELA, DU PARADIS ET DE L'ENFER, MAIS BEAUCOUP DE GENS NE TIENNENT MALHEUREUSEMENT PAS COMPTE DE LA FINALITE REELLE DE LEUR CREATION ET POURSUIVENT LEURS PROPRES INTERETS DANS LA VIE. ILS VIVENT LEURS JOURNEES COMME S'ILS NE CROYAIENT PAS QUE LE JOUR DU JUGEMENT VIENDRA OU QU'IL VIENDRA MAIS DANS UN FUTUR TRES LOINTAIN, ALORS ILS DEPENSENT DES ANNEES DE LEURS VIES A LA POURSUITE DES BIENS FUTILES DE CE BAS MONDE, SANS JAMAIS PENSER A LEURS RESPONSABILITES ENVERS DIEU. LE CORAN PARLE DE CES PERSONNES :

- *"CES GENS-LA AIMENT [LA VIE] EPHEMERE (LA VIE SUR TERRE) ET LAISSENT DERRIERE EUX UN JOUR BIEN LOURD [LE JOUR DU JUGEMENT]".* ***(CORAN76/27).***

ET MALGRE CECI LES GENS CONTINUENT A CROIRE EN DIEU, MAIS SANS LE CRAINDRE, PAS COMME ILS LE DEVRAIENT. POURTANT DIEU A TOUJOURS ENVOYE DES MESSAGERS POUR LEUR ENSEIGNER COMMENT LE SERVIR. DIEU DIT :

- *"EN TANT QUE MESSAGERS, ANNONCIATEURS ET AVERTISSEURS, AFIN QU'APRES LA VENUE DES MESSAGERS IL N'Y EUT POUR LES GENS POINT D'ARGUMENT DEVANT DIEU. DIEU EST PUISSANT ET SAGE".* ***(CORAN4/165).***

MAIS LE CORAN NOUS DIT QUE LES GENS FERMENT LEURS YEUX A LA VERITE :

- *"[L'ECHEANCE] DU REGLEMENT DE LEUR COMPTE APPROCHE POUR LES HOMMES, ALORS QUE DANS LEUR INSOUCIANCE ILS S'EN DETOURNENT".* ***(CORAN21/1).***

LE CORAN AFFIRME QU'IL N'EST PAS SUFFISANT D'ACCEPTER L'EXISTENCE DE DIEU, MAIS IL FAUT EGALEMENT LE CRAINDRE, SANS NEGLIGER LA MORALITE RELIGIEUSE. EN EFFET LES VRAIS CROYANTS ORGANISENT LEUR VIE SELON LA VERITE QU'ILS ONT CONNUE.

CEUX QUI VIVENT DANS L'ERREUR IGNORENT LES VERITES FONDAMENTALES. TOUTEFOIS, CET AVEUGLEMENT NE MENE NULLEMENT AU BONHEUR ; AU CONTRAIRE, IGNORER LA VRAIE FINALITE DE LA VIE DANS CE BAS MONDE MENE LA PERSONNE VERS UN CHEMIN TENEBREUX QUI SE TERMINERA EN DEPRESSION NERVEUSE PROFONDE.

MAIS UNE PERSONNE QUI CROIT SINCEREMENT EN DIEU, RESSENT LA CRAINTE ET REMERCIE CONSTAMMENT DIEU POUR LES BIENFAITS DONT IL LA COMBLE, ET FAIT EN SORTE QUE SA SEULE RAISON DE VIVRE SOIT DE SATISFAIRE DIEU. DIEU DIT :

- *"ET SI VOUS COMPTEZ LES BIENFAITS DE DIEU, VOUS NE SAUREZ PAS LES DENOMBRER. CAR DIEU EST PARDONNEUR, ET MISERICORDIEUX".* ***(CORAN16/18).***

POUR LA PLUPART DES GENS, UNE VIE SANS STRESS, NI CHAGRIN, NI ANXIETE, N'EXISTE PAS. AU CONTRAIRE, CETTE VIE EST REALISABLE POUR LES CROYANTS. EN EFFET LA PERSONNE POURRA VIVRE UNE BONNE VIE QUI EST COMPLETEMENT DIFFERENTE DE TOUT CE QU'ELLE AURA CONNU AUPARAVANT.

DIEU DIT :

- *"QUICONQUE, MALE OU FEMELLE, FAIT UNE BONNE ŒUVRE TOUT EN ETANT CROYANT, NOUS LUI FERONS VIVRE UNE BONNE VIE. ET NOUS LES RECOMPENSERONS, CERTES, EN FONCTION DES MEILLEURES DE LEURS ACTIONS".* ***(CORAN16/97).***

LA MORALITE RELIGIEUSE ELIMINE TOUTE CHOSE GENANTE QUI REND LA PERSONNE ANXIEUSE ET DEPRESSIVE ; ELLE ORIENTE LES INDIVIDUS A SE SOUMETTRE AU DESTIN QUE DIEU LEUR A RESERVE. DIEU A TOUT CREE POUR LE BIENETRE DE SES SERVITEURS.

DIEU NOUS DIT DANS LE CORAN QU'IL FERA EN SORTE QUE TOUT SOIT FACILE POUR CEUX QUI PRATIQUENT CETTE MORALITE. LA MEILLEURE CHOSE A FAIRE EST DE REALISER QUE LA MORT ET LE JOUR DU JUGEMENT S'APPROCHENT A CHAQUE SECONDE QUI PASSE, QUE DIEU CONNAIT CHACUNE DE NOS ACTIONS, ET QUE NOUS EN SOMMES RESPONSABLES.

LE PROPHETE (SAS) SE RAPPELAIT DIEU DANS TOUTES LES ACTIONS DE SA VIE QUOTIDIENNE, DANS SES PRIERES, DANS SON ADORATION, ET JUSQUE DANS SES PENSEES. SI NOUS FAISONS DES EFFORTS POUR CHANGER NOS HABITUDES, DIEU APPORTERA DES CHANGEMENTS POSITIFS A NOTRE VIE ET IL NOUS DONNERA LES MOYENS DE VIVRE EN PAIX AVEC LUI, MEME SI LE MONDE QUI NOUS ENTOURE EST AGITE.

LES EPREUVES DE CETTE VIE SONT DONC LA POUR NOUS AIDER A GRANDIR SPIRITUELLEMENT. SI NOUS ARRIVONS A ACCEPTER CELA ET A ACCUEILLIR DIEU DANS NOTRE CŒUR, ALORS NOUS CONNAITRONS LA VERITABLE PAIX INTERIEURE. PAR CONSEQUENT, QUICONQUE DOUE D'UN MINIMUM D'INTELLIGENCE DEVRAIT AGIR ET ORGANISER SA VIE SELON CETTE VERITE ; IL POURRA ALORS ESPERER ATTEINDRE LE BONHEUR INFINI DANS UNE VIE FACILE OU LA DEPRESSION N'EXISTE JAMAIS.

LA PROPRETE

DIEU A DIT:

- *"Ô LES CROYANTS ! LORSQUE VOUS VOUS LEVEZ POUR LA SALAT, LAVEZ VOS VISAGES ET VOS MAINS JUSQU'AUX COUDES; PASSEZ LES MAINS MOUILLEES SUR VOS TETES; ET LAVEZ-VOUS LES PIEDS JUSQU'AUX CHEVILLES. ET SI VOUS ETES POLLUES « **JUNUB** », ALORS PURIFIEZ-VOUS (PAR UN BAIN)". **(CORAN 5/6).***

LE PROPHETE MOHAMMED (SAS) A DIT:

- *"IL EST DU DROIT D'ALLAH QUE TOUT MUSULMAN SE LAVE UNE FOIS TOUS LES SEPT JOURS; LAVER SON CORPS ET SA TETE". "QUE CELUI QUI S'APPRETE A FAIRE LA PRIERE DU VENDREDI PRENNE UN BAIN RITUEL". **(MOUSLIM).***
- *"LA PURIFICATION EST LA MOITIE DE LA FOI". **(MOUSLIM).***
- *"AUCUNE PRIERE N'EST ACCEPTEE SANS PURIFICATION". **(BIN MAJA).***
- *"CELUI QUI FAIT SES ABLUTIONS CORRECTEMENT, SES PECHES SORTIRONT DE TOUT SON CORPS JUSQU'A CE QU'ILS SORTENT DU BOUT DE SES ONGLES". **(MOUSLIM).***
- *"SI L'UN DE VOUS A UN RAPPORT INTIME AVEC SA FEMME ET VEUT LE REFAIRE DE NOUVEAU, QU'IL FASSE DES ABLUTIONS". **(MOUSLIM).***
- *"QUAND L'UN DE VOUS FAIT SES ABLUTIONS, QU'IL ASPIRE L'EAU PAR LE NEZ ET LA REJETTE". **(NISSAI).***
- *"LE PROPHETE (SAS) NOUS A ENJOINT DE NE PAS DEPASSER QUARANTE JOURS POUR COUPER LA MOUSTACHE, TAILLER LES ONGLES, EPILER LES AISSELLES ET RASER LE POILS DU PUBIS". **(AHMED).***

*DANS LE CORAN, DIEU ATTIRE NOTRE ATTENTION SUR L'IMPORTANCE DE LA PROPRETE DE L'ETRE HUMAIN DANS LA VIE QUOTIDIENNE, ALORS IL A OBLIGE LES CROYANTS A SE LAVER 5 FOIS PAR JOUR : **LES MAINS, LA BOUCHE, LE NEZ, LE VISAGE, LES AVANT-BRAS JUSQU'AU COUDE, ET LES PIEDS, ET CECI AU NOM DES ABLUTIONS QUI SE FONT AVANT CHAQUE PRIERE.***

LE PROPHETE MOHAMMED (SAS) A INCITE DANS SES HADITHS A LAVER CORRECTEMENT LE CORPS DURANT LES ABLUTIONS. IL NOUS A REVELE QU'IL FALLAIT SE LAVER LES MAINS DES QU'ON SE REVEILLE POUR SE DEBARRASSER DE TOUTES SORTES D'IMPURETES DUES AUX SECRETIONS NOCTURNES DE L'ORGANISME COMME LA TRANSPIRATION ET AUTRES.

AUSSI IL FAUT SE LAVER APRES TOUT RAPPORT INTIME. LE BAIN EST UNE OBLIGATION SANS LAQUELLE NI LA PRIERE NI LE PELERINAGE NE SAURAIENT ETRE VALIDES. LE CROYANT DOIT SE LAVER LE CORPS, AU MOINS, UNE FOIS PAR SEMAINE POUR NETTOYER SA PEAU DES SALETES, DES BACTERIES, DES MICROBES, ET D'AUTRES IMPURETES.

LES ETUDES SUR LES MALADIES DERMATOLOGIQUES ONT AFFIRME LA NECESSITE DU BAIN POUR ENLEVER LES RESIDUS DE SUEUR ET DES SALETES QUI S'Y COLLENT, AINSI QUE LES BACTERIES FAVORISEES PAR L'ENCRASSEMENT DE LA PEAU QUI NUISENT A LA SANTE DU CORPS EN GENERAL ET EXHALENT DE MAUVAISES ODEURS.

DES ETUDES MICROSCOPIQUES ONT CONFIRME QUE LE NEZ DE CEUX QUI EFFECTUENT REGULIEREMENT DES ABLUTIONS, RESTE TOUJOURS PROPRE, PURE ET VIDE DE TOUS MICROBES. ALORS QUE CEUX QUI N'EFFECTUENT PAS D'ABLUTION SONT EXPOSES A PLUSIEURS TYPES DE MICROBES QUI SE PROPAGENT RAPIDEMENT DANS L'ORGANISME CAUSANT DE NOMBREUX TYPES DE MALADIES COMME :

- ***LA GRIPPE, LA SINUSITE,***
- ***LES PNEUMOPATHIES, LA TUBERCULOSE PULMONAIRE,***
- ***L'INFECTION DES VOIES RESPIRATOIRE SUPERIEURES, ETC...***

EN EFFET, CES MICROBES QUI SE TROUVENT DANS LE NEZ ENTRENT D'UNE PART, DANS LES POUMONS PUIS PASSENT DANS LA CIRCULATION SANGUINE A TRAVERS LES ECHANGES ALVEOLAIRES, ET D'AUTRE PART DANS LE TUBE DIGESTIF A TRAVERS LE PHARYNX ET L'ŒSOPHAGE PROVOQUANT AINSI DES INFLAMMATIONS ET DES MALADIES.

POUR CETTE RAISON, L'ISLAM, A DEMANDE AUX MUSULMANS D'INHALER DE L'EAU PAR LE NEZ A TROIS REPRISES AU COURS DE CHAQUE ABLUTION. EN CE QUI CONCERNE LE RINÇAGE DE LA BOUCHE, IL EST PROUVE QU'IL PROTEGE LA BOUCHE ET LA GORGE DES INFLAMMATIONS ET DES MALADIES COMME :

- ***LA GINGIVITE, LA CARIE DENTAIRE,***
- ***LES APHTES, LA MAUVAISE HALEINE ET***
- ***DES TROUBLES DIGESTIFS COMME LA DYSPEPSIE, LA GASTRITE, ETC.***

CAR LE RINÇAGE DE LA BOUCHE SUPPRIME LE RESTE DE LA NOURRITURE QUI S'ACCROCHE ENTRE LES DENTS. IL EST MEDICALEMENT CONSTATE QUE 90% DE CEUX QUI PERDENT LEURS DENTS NE SE NETTOIENT NI LA BOUCHE NI LES DENTS. AUSSI, IL FAUT SIGNALER QUE LE RINÇAGE DE LA BOUCHE RENFORCE CERTAINS MUSCLES DU VISAGE.

LE LAVAGE DES MAINS ET DES PIEDS PERMET D'ENLEVER LES POUSSIERES ET LES MICROBES ET DE NETTOYER LES MATIERES GRASSES QUI SORTENT PAR LES GLANDES DE LA PEAU SUITE A LA TRANSPIRATION. EN EFFET, LES MAINS SONT RECONNUES COMME VECTEURS PRINCIPAUX DE MICROBES, ET LES ETUDES EXPERIMENTALES ONT REVELE QUE LES ABLUTIONS EXECUTEES CORRECTEMENT LIMITAIENT LA PRESENCE DES BACTERIES SUR LA PEAU.

SI L'HOMME NEGLIGE LE NETTOYAGE REGULIER DE SON CORPS ALORS TOUTES LES SECRETIONS NOCIVES RESTENT A LA SURFACE DE LA PEAU FAVORISANT AINSI LA MULTIPLICATION MICROBIENNE ET PROVOQUANT DES MALADIES DERMATOLOGIQUES. PAR CONSEQUENT, LES MAINS DOIVENT ETRE BIEN NETTOYEES D'ABORD AVANT DE NETTOYER LES AUTRES PARTIES DU CORPS, AFIN D'EVITER LE TRANSFERT DES BACTERIES ET DES CHAMPIGNONS VERS LA BOUCHE ET LE NEZ.

IL FAUT SIGNALER AUSSI QUE L'ABLUTION EST LE MEILLEUR MOYEN DE PARVENIR A LA RELAXATION EN ELIMINANT LES TENSIONS NERVEUSES, L'ANXIETE, LE STRESS ET SURTOUT DE CALMER LA COLERE. TOUT CECI MONTRE LA VALEUR DE L'ABLUTION REPETEE 5 FOIS PAR JOUR PAR LE MUSULMAN.

LA PRIERE

DIEU A DIT :

- *"CAR LA SALAT DEMEURE, POUR LES CROYANTS, UNE PRESCRIPTION, A DES TEMPS DETERMINES".* ***(CORAN 4/103).***
- *"ET VOTRE SEIGNEUR DIT: «APPELEZ-MOI, JE VOUS REPONDRAI. CEUX QUI, PAR ORGUEIL, SE REFUSENT A M'ADORER ENTRERONT BIENTOT DANS L'ENFER, HUMILIES»".* ***(CORAN 40/60).***
- *"ET QUAND LE MALHEUR TOUCHE L'HOMME, IL FAIT APPEL A NOUS, COUCHE SUR LE COTE, ASSIS, OU DEBOUT. PUIS QUAND NOUS LE DELIVRONS DE SON MALHEUR, IL S'EN VA COMME S'IL NE NOUS AVAIT POINT IMPLORE POUR UN MAL QUI L'A TOUCHE".* ***(CORAN 10/12).***
- *"ET JOB, QUAND IL IMPLORA SON SEIGNEUR: «LE MAL M'A TOUCHE. MAIS TOI, TU ES LE PLUS MISERICORDIEUX DES MISERICORDIEUX» ! NOUS L'EXAUÇAMES, ENLEVAMES LE MAL QU'IL AVAIT".* ***(CORAN 21/83-84).***
- *"ET ZUN-NUN (JONAS) QUAND IL PARTIT, IRRITE. IL PENSA QUE NOUS N'ALLIONS PAS L'EPROUVER. PUIS IL FIT, DANS LES TENEBRES, L'APPEL QUE VOICI: «PAS DE DIVINITE A PART TOI! PURETE A TOI! J'AI ETE VRAIMENT DU NOMBRE DES INJUSTES». NOUS L'EXAUÇAMES ET LE SAUVAMES DE SON ANGOISSE. ET C'EST AINSI QUE NOUS SAUVONS LES CROYANTS".* ***(CORAN 21/87-88).***
- *"ET ZACHARIE, QUAND IL IMPLORA SON SEIGNEUR: «NE ME LAISSE PAS SEUL, SEIGNEUR, ALORS QUE TU ES LE MEILLEUR DES HERITIERS». NOUS L'EXAUÇAMES, LUI DONNAMES YAHYA ET GUERIMES SON EPOUSE. ILS CONCOURAIENT AU BIEN ET NOUS INVOQUAIENT PAR AMOUR ET PAR CRAINTE. ET ILS ETAIENT HUMBLES DEVANT NOUS".* ***(CORAN 21/89-90).***
- *"NOE, EN EFFET, FIT APPEL A NOUS QUI SOMMES LE MEILLEUR REPONDEUR (QUI EXAUCE LES PRIERES)".* ***(CORAN 37/75).***

LE PREMIER VERSET NOUS INFORME QUE LA PRIERE A DES TEMPS DETERMINES : CINQ MOMENTS DE LA JOURNEE. TOUTEFOIS, UNE QUESTION VIENT A L'ESPRIT: POURQUOI DE TELS MOMENTS? POURQUOI NE PAS LES REPARTIR EN DEUX OU EN TROIS FOIS; MATIN, MIDI, ET SOIR? POURQUOI EXACTEMENT CINQ MOMENTS DE LA JOURNEE? POUR REPONDRE A CETTE QUESTION, IL FAUT SAVOIR QUE LES MOMENTS DE LA PRIERE ONT BEAUCOUP D'AVANTAGES SUR LA SANTE.

EN EFFET, L'HOMME AU COURS DE LA JOURNEE VIT SELON UN RYTHME BIOLOGIQUE QUI DEPEND D'UNE HORLOGE BIOLOGIQUE SITUEE DANS L'HYPOTHALAMUS, ET QUI REÇOIT L'INFORMATION LUMINEUSE PAR DES VOIES NERVEUSES VENANT DE LA RETINE. CETTE HORLOGE CONTROLE LA TEMPERATURE CENTRALE DU CORPS ET LA SYNTHESE DES ENZYMES ET DES HORMONES MAIS AUSSI LE RYTHME D'EVEIL ET DU SOMMEIL. AINSI, IL Y A UNE COÏNCIDENCE ENTRE LES HORAIRES DE LA PRIERE ET LES MODIFICATIONS BIOLOGIQUES DE L'ORGANISME.

1. ***LA PRIERE DE L'AUBE :*** *A CE MOMENT, LA SECRETION DE LA MELATONINE RESPONSABLE DE LA RELAXATION POUR LA NUIT, COMMENCE A DIMINUER SUITE A LA RECEPTION LUMINEUSE. PAR CONTRE, LA SECRETION DU CORTISOL COMMENCE A AUGMENTER. EN EFFET, LE CORTISOL EST L'HORMONE LA PLUS ENERGETIQUE QUI NE SE SECRETE QUE LE MATIN, IL AUGMENTE LA TENSION ARTERIELLE ET LA FREQUENCE CARDIAQUE PROVOQUANT AINSI DE L'ENERGIE ET DU STRESS AFIN DE SE PREPARER AU TRAVAIL. D'AUTRE PART, LE SYSTEME NEUROLOGIQUE PARASYMPATHIQUE, DOMINANT AU COURS DE LA NUIT, QUI EST DE NATURE RELAXANTE, CEDE LA PLACE AU SYSTEME NEUROLOGIQUE SYMPATHIQUE QUI EST ACTIVATEUR DE PRINCIPE, POUR DOMINER PENDANT LA JOURNEE, AFIN DE PREPARER LE CORPS AU TRAVAIL. MIEUX ENCORE, CETTE PRIERE EMPECHE LE SOMMEIL DE DURER TRES LONGTEMPS, AFIN D'EVITER LA PRECIPITATION DES ATHEROMES DANS LES VAISSEAUX SANGUINS, RESPONSABLE DE L'INFARCTUS DE MYOCARDE ET DE L'ARTERIOSCLEROSE. POUR CETTE RAISON LES CARDIOLOGUES CONSEILLENT A LEURS MALADES DE SE LEVER APRES 5 HEURES DE SOMMEIL PERMANENT POUR POUVOIR BOUGER LE CORPS, D'OU L'INTERET DE LA PRIERE DE L'AUBE POUR FAIRE BOUGER LE CORPS, ET POUR LUTTER CONTRE LE STRESS.*

2. ***LA PRIERE DU MIDI :*** *A CETTE PERIODE, LE CORPS EST DEJA FATIGUE PAR LE TRAVAIL, LA SECRETION DE L'ADRENALINE RESPONSABLE DE L'HYPERACTIVITE CARDIAQUE ET DU STRESS PSYCHIQUE, AUGMENTE ET ATTEINT SON PIC, CE QUI FAVORISE LES CARDIOPATHIES. D'OU L'INTERET DE LA PRIERE DU MIDI POUR FAIRE FACE A LA FATIGUE ET AU STRESS.*

3. ***LA PRIERE DE L'APRES-MIDI :*** *OU LA JOURNEE DE TRAVAIL TIRE A SA FIN ALORS QUE LE CORPS EST ACCABLE ENCORE PAR LA LASSITUDE. PENDANT CETTE PERIODE, LA SECRETION DE L'ADRENALINE CONNAIT SON DEUXIEME PIC DE SECRETION JOURNALIERE. D'AILLEURS, IL A ETE CONSTATE QUE LES PATIENTS QUI SOUFFRENT DE MALADIES CARDIAQUES DEVELOPPENT LE PLUS GRAND NOMBRE DE COMPLICATIONS A CE MOMENT DE LA JOURNEE. LA RELAXATION CORPORELLE PAR LE BIAIS SPIRITUEL QU'ASSURE LA PRIERE POURRAIT METTRE LE MUSULMAN A L'ABRI DE CE GENRE DE COMPLICATIONS.*

4. ***LA PRIERE DU COUCHER DU SOLEIL :*** *A L'INVERSE DE L'AUBE, C'EST L'HEURE DE TRANSITION DE LA LUMIERE A L'OBSCURITE. LA MELATONINE REPREND SA SECRETION ET ENGENDRE UNE SENSATION DE SOMMEIL ET DE RELAXATION, ALORS QUE LA SECRETION DU CORTISOL COMMENCE A DIMINUER.*

5. ***LA PRIERE DU SOIR :*** *ELLE CORRESPOND AU PASSAGE DE L'ACTIVITE AU REPOS. LA FREQUENCE CARDIAQUE ET LA TEMPERATURE DU CORPS DIMINUENT POUR PREPARER L'ORGANISME A SE RELAXER PENDANT LE SOMMEIL. LE SYSTEME NERVEUX PARASYMPATHIQUE REPREND SA DOMINATION POUR RALENTIR TOUTES LES ACTIVITES DE L'ORGANISME. IL POURRAIT ETRE LA RAISON POUR LAQUELLE LE PROPHETE (SAS) AVAIT RECOMMANDE DE LA FAIRE ASSEZ TARD DANS LA NUIT ET AINSI ALLER AU LIT IMMEDIATEMENT APRES. AINSI IL Y A UNE CONCORDANCE ENTRE LES PERIODES DES 5 PRIERES, ET LES MODIFICATIONS BIOLOGIQUES DE L'ORGANISME.*

LA PRIERE FAVORISE LA GUERISON DE PLUSIEURS MALADIES QU'ELLES SOIENT SOMATIQUES, ORGANIQUES, PSYCHOLOGIQUES OU NEUROLOGIQUES. C'EST UN EXERCICE PHYSIQUE EXCELLENT DURANT LEQUEL LES ARTICULATIONS, LES MUSCLES ET LA CIRCULATION SANGUINE S'ACTIVENT ET STIMULENT TOUS LES AUTRES APPAREILS DANS L'ORGANISME.

DES MILLIERS DE MALADIES POUR LESQUELLES LES TRAITEMENTS MEDICAUX, CHIRURGICAUX ET PSYCHOLOGIQUES ETAIENT INEFFICACES, ONT TROUVE REMEDE PAR LES MIRACLES DE LA PRIERE. LA MALADIE EST L'UNE DES SITUATIONS DANS LAQUELLE UNE PERSONNE RESSENT LE PLUS CETTE DEPENDANCE QUI LA RAPPROCHE DE DIEU.

D'UN AUTRE COTE, LES GENS QUI NE CROIENT PAS IMAGINENT QUE LA ROUTE VERS LA GUERISON DOIT PASSER PAR LES MEDECINS, LES MEDICAMENTS ET LA TECHNOLOGIE MEDICALE MODERNE. ILS NE REFLECHISSENT JAMAIS SUR LE FAIT QUE C'EST DIEU QUI FACILITE LE FONCTIONNEMENT DE LEUR SYSTEME PHYSIQUE ET PSYCHIQUE. MAIS LE MALADE DOIT PRENDRE TOUTES LES MESURES REQUISES CONFORMEMENT A CES CAUSES. TOUTE CHOSE DANS CE MONDE A LIEU D'APRES DES CAUSES.

AINSI UNE PERSONNE MALADE DOIT VISITER LE MEDECIN EXPERT, ET PRENDRE LES MEDICAMENTS QUI LUI SERONT BENEFIQUES, PARCE QUE DIEU A ETABLI UN LIEN ENTRE TOUT CE QUI SE PASSE DANS CE MONDE POUR DES RAISONS SPECIFIQUES, ET CE N'EST QUE PAR LA SUITE, APRES AVOIR PRIS TOUS LES TRAITEMENTS NECESSAIRES, QU'IL DOIT PATIENTER ET PRIER DIEU AVEC HUMILIATION ET SOUMISSION ET PATIENCE, AFIN DE RECEVOIR LES BONS RESULTATS PROVENANT DE DIEU, EN SACHANT QUE DIEU SEUL FAIT TOUT. L'EFFET POSITIF DE LA FOI ET DE LA PRIERE SUR LE MALADE ET LA FAÇON DONT CELLES-CI ACCELERENT LE TRAITEMENT EST UN FAIT QUI A ATTIRE L'ATTENTION ET LA RECOMMANDATION DES MEDECINS.

LE DR ALEXIS KAREL*, QUI A REÇU LE PRIX NOBEL DE MEDECINE, DIT DANS SON LIVRE "L'HUMAIN, CET INCONNU" :*

« IL SE PEUT QUE DE NOS JOURS, LA PRIERE SOIT LA PLUS GRANDE ENERGIE POTENTIELLE QUI PRODUIT DE L'ACTIVITE. EN TANT QUE MEDECIN, J'AI EU BEAUCOUP DE PATIENTS AUXQUELS LES MEDICAMENTS N'ONT PU PORTER REMEDE, SIGNE D'IMPUISSANCE ET D'INCAPACITE DE LA PART DE LA MEDECINE. TANDIS QUE LA PRIERE LES A GUERIS DE LEURS MALADIES ».

LE MAGAZINE "NEWSWEEK" *A RAPPORTE QUE LA FOI EN DIEU A REMONTE LE MORAL DES GENS ET LES A AIDES A SE RETABLIR PLUS FACILEMENT, ET QUE LES PERSONNES RELIGIEUSES GUERISSENT PLUS FACILEMENT ET PLUS RAPIDEMENT.* ***SELON UNE ETUDE DU "NEWSWEEK" :*** *« 72% DES AMERICAINS DISENT QU'ILS CROIENT QUE LA PRIERE FACILITE LA GUERISON ». LES RECHERCHES AU ROYAUME-UNI ET AUX ETATS-UNIS ONT CONCLU QUE LA PRIERE REDUIT LES SYMPTOMES DES PATIENTS ET ACCELERE LA GUERISON.*

D'APRES LES RECHERCHES DE L'UNIVERSITE DU MICHIGAN, LA DEPRESSION ET LE STRESS SE PRESENTENT EN MOINDRE IMPORTANCE CHEZ LES PIEUX. SELON LES RESULTATS DE L'UNIVERSITE RUSH A CHICAGO, LE TAUX DE MORTALITE PREMATURE PARMI LES PERSONNES QUI PRIENT REGULIEREMENT EST D'ENVIRON 25% DE MOINS QUE CEUX QUI SONT SANS CONVICTIONS RELIGIEUSES.

UNE AUTRE ETUDE CONDUITE SUR 750 PERSONNES QUI ONT ETE SOUMISES A L'ANGIOCARDIOGRAPHIE A PROUVE SCIENTIFIQUEMENT LE POUVOIR CURATIF DE LA PRIERE. IL A ETE ETABLI QUE LE TAUX DE MORTALITE PARMI LES PATIENTS DU CŒUR QUI PRIAIENT A DIMINUE DE 30% AU COURS D'UNE ANNEE A LA SUITE DE LEUR OPERATION.

DANS L'ACTE DE LA PRIERE, CHAQUE MUSCLE DANS LE CORPS SE DONNE DU MOUVEMENT. LA PRIERE EST UN EXERCICE PHYSIQUE AYANT DES BENEFICES ENORMES. EN EFFET, LE CORPS HUMAIN SE FORME, ENTRE AUTRES, D'OS, D'ARTICULATIONS, DE MUSCLES, D'ARTERES, DE VEINES ET DE NERFS. TOUTES CES COMPOSANTES ONT BESOIN DE SE LUBRIFIER QUOTIDIENNEMENT, CAR LE REPOS TOTAL ET LE SOMMEIL LEUR CAUSENT DU RELACHEMENT.

LES MUSULMANS TIRENT DES BIENFAITS THERAPEUTIQUES ET SPIRITUELS DES CINQ PRIERES QUOTIDIENNES. EN EFFET, LA PRIERE EST UNE GYMNASTIQUE HARMONIEUSE QUI PASSE PAR LA POSITION DEBOUT, L'INCLINATION, LA PROSTERNATION ET LA POSITION ASSISE. IL A ETE CONSTATE QUE LES CINQ PRIERES QUOTIDIENNES PRODUISENT LES MEMES CHANGEMENTS PHYSIOLOGIQUES QUE CEUX PRODUITS PAR UNE MARCHE A PIEDS A UNE VITESSE DE 5 KM/HEURE. LA PRIERE PROTEGE CONTRE :

- *LES MALADIES CORONARIENNES,*
- *AUGMENTE LE BON CHOLESTEROL,*

- *DIMINUE LEGEREMENT LA PRESSION SANGUINE,*
- *ÉLARGIT LA LUMIERE DES ARTERES CORONAIRES,*
- *PROTEGE CONTRE LES THROMBOSES PROFONDES DES VEINES,*
- *AUGMENTE LA CIRCULATION DU SANG AU NIVEAU DES ALVEOLES PULMONAIRES CE QUI FAVORISE LES ECHANGES D'OXYGENE,*
- *AMELIORE LA STABILITE ET LA LUBRIFICATION DES ARTICULATIONS,*
- *MAINTIENT LA FLEXIBILITE,*
- *REDUIT LES RISQUES DE DECHIRURES LIGAMENTAIRES,*
- *REDUIT L'ANXIETE ET LA DEPRIME, ET AMELIORE LA MEMOIRE CHEZ LES PERSONNES AGEES SURTOUT PAR LA REPETITION DES VERSETS DU CORAN,*
- *PROVOQUE LA SECRETION D'ADRENALINE ET DE NORADRENALINE, QUI AUGMENTENT LE RYTHME CARDIAQUE, AUGMENTE LA SECRETION D'HORMONE DE CROISSANCE, FAVORISANT AINSI LA FORMATION DU COLLAGENE QUI EMPECHE L'APPARITION DES RIDES DE LA PEAU ET RETARDE LE PROCESSUS DE VIEILLISSEMENT.*

UNE ETUDE A ETE EFFECTUEE PAR ***LE DR. NEWBERGE DE L'UNIVERSITE DE PENNSYLVANIE AUX USA****, SUR UN GROUPE DE CROYANTS QUI APPARTIENNENT A DIFFERENTS CULTES, MAIS QUI ONT LA FOI EN DIEU ET ACCOMPLISSENT LEUR PRIERE. L'ETUDE REPOSE SUR L'UTILISATION DES RAYONS SCINTIGRAPHIES QUI LAISSENT VOIR LA PERFUSION SANGUINE DANS LES REGIONS CEREBRALES.*

DR NEWBERGE *A REMARQUE QUE DURANT LA PRIERE ET LA MEDITATION, LE FLUX SANGUIN CEREBRAL S'ACCENTUE DANS LA REGION FRONTALE ET DIMINUE DANS LA REGION PARIETALE, RESPONSABLE DE L'ORIENTATION SPATIOTEMPORELLE.*

CETTE EXPERIENCE A MONTRE UNE STABILITE DU FONCTIONNEMENT DU CERVEAU LORS DE LA PRIERE DES CROYANTS QUI NE RECITENT JAMAIS DES VERSETS CORANIQUES PENDANT LEUR PRIERE. ALORS QUE DIRE DE CEUX PRIANT POUR DIEU TOUT EN MEDITANT ET LISANT LE CORAN ! ON EN DEDUIT QUE DURANT LA PRIERE ET LA MEDITATION, UNE FORCE SPIRITUELLE SEMBLE NOUS EMPORTER LOIN DE NOUS-MEMES POUR JOUIR D'UN PRESSENTIMENT DE GRANDEUR SPIRITUELLE. SUR LE PLAN PSYCHOLOGIQUE, LES BIENFAITS DE LA PRIERE SONT ENORMES.

EN PRIANT, LE MUSULMAN EST CONVAINCU QUE L'HOMME NE LUTTE PAS SEUL DANS CETTE VIE, CAR IL Y A UN CREATEUR, DIEU LE CLAIRVOYANT, LE JUSTE ET LE PLUS SAVANT. S'IL EST VICTIME DE L'INJUSTICE DE QUELQU'UN, IL S'EN REMET A DIEU, L'AUDIENT, QUI LUI FERA JUSTICE. ***LE DR ROSE H, DE L'HOPITAL DE BOSTON*** *A DIT QUE LE TRAITEMENT DE L'ANGOISSE ET DE L'ANXIETE, EST DE SE CONFIER A QUELQU'UN DE CONFIANCE. AUTREMENT DIT, EN PARLANT DE SES ENNUIS, LE MALADE FINIT PAR LIBERER SES INQUIETUDES.*

CE SENTIMENT ENVELOPPE LA VIE DE L'ETRE HUMAIN DANS UN CLIMAT DE SERENITE PSYCHIQUE, L'AIDANT A VIVRE EN BONNE SANTE PHYSIQUE, AVEC UN BIEN ETRE MENTAL. SUR LE PLAN SOMATIQUE LES BIENFAITS DE LA PRIERE SONT AUSSI ENORMES.

EN EFFET LA PROSTERNATION PENDANT LA PRIERE FAVORISE LA GUERISON DE PLUSIEURS MALADIES : ELLE DIMINUE LA PRESSION ELECTROSTATIQUE SUR LE CERVEAU. EN EFFET LA POSITION DE LA PROSTERNATION MET L'HOMME EN CONTACT DIRECT AVEC LA TERRE CE QUI PROVOQUE L'ABSORPTION DE CES CHARGES PAR LE SOL.

LA PROSTERNATION PREVIENT LES TROUBLES PSYCHOLOGIQUES ET LA SCHIZOPHRENIE, FAVORISE LA BAISSE DE LA TENSION SANGUINES, AIDE A L'EPURATION DES SINUS NASAUX PAR L'EVACUATION DE LEURS SECRETIONS, AUGMENTE LA PERFUSION SANGUINE CEREBRALE, PREVIENT LA SURVENUE DES HEMORROÏDES DES THROMBOSES VEINEUSES, ET DES VARICES.

LA FOI

DIEU A DIT:

- *"N'EST-CE POINT PAR L'EVOCATION DE DIEU QUE SE TRANQUILLISENT LES CŒURS?".* ***(CORAN 13/28).***

- *"QUICONQUE, MALE OU FEMELLE, FAIT UNE BONNE ŒUVRE TOUT EN ETANT CROYANT, NOUS LUI FERONS VIVRE UNE BONNE VIE. ET NOUS LES RECOMPENSERONS, CERTES, EN FONCTION DES MEILLEURES DE LEURS ACTIONS".* ***(CORAN 16/97).***

- *"ET QUICONQUE SE DETOURNE DE MON RAPPEL, MENERA CERTES, UNE VIE PLEINE DE GENE, ET LE JOUR DE LA RESURRECTION NOUS L'AMENERONS AVEUGLE AU RASSEMBLEMENT".* ***(CORAN 20/124).***

- *"SI BIEN QUE, TOUTE VASTE QU'ELLE FUT, LA TERRE LEUR PARAISSAIT EXIGUË; ILS SE SENTAIENT A L'ETROIT, DANS LEUR PROPRE PERSONNE ET ILS PENSAIENT QU'IL N'Y AVAIT D'AUTRE REFUGE DE DIEU QU'AUPRES DE LUI".* ***(CORAN 9/118).***

- *"ET QUAND LE MALHEUR TOUCHE L'HOMME, IL FAIT APPEL A NOUS, COUCHE SUR LE COTE, ASSIS, OU DEBOUT. PUIS QUAND NOUS LE DELIVRONS DE SON MALHEUR, IL S'EN VA COMME S'IL NE NOUS AVAIT POINT IMPLORE POUR UN MAL QUI L'A TOUCHE. C'EST AINSI QUE FURENT EMBELLIES AUX OUTRANCIERS LEURS ACTIONS".* ***(CORAN 10/12).***

- *"ET JOB, QUAND IL IMPLORA SON SEIGNEUR: «LE MAL M'A TOUCHE. MAIS TOI, TU ES LE PLUS MISERICORDIEUX DES MISERICORDIEUX»! NOUS L'EXAUÇAMES, ENLEVAMES LE MAL QU'IL AVAIT, LUI RENDIMES LES SIENS ET AUTANT QU'EUX AVEC EUX, PAR MISERICORDE DE NOTRE PART ET EN TANT QUE RAPPEL AUX ADORATEURS".* ***(CORAN 21/83-84).***

- *"ET PUIS, QUICONQUE DIEU VEUT GUIDER, IL LUI OUVRE LA POITRINE A L'ISLAM. ET QUICONQUE IL VEUT EGARER, IL REND SA POITRINE ETROITE ET GENEE, COMME S'IL S'EFFORÇAIT DE MONTER AU CIEL. AINSI DIEU INFLIGE SA PUNITION A CEUX QUI NE CROIENT PAS".* ***(CORAN 6/125).***

LES VERSETS NOUS INFORMENT QUE LES GENS QUI CROIENT EN DIEU AURONT UNE VIE PLUS TRANQUILLE ET PLUS STABLE QUE CELLE DES GENS ATHEES. CELA SIGNIFIE QUE LA FOI EN DIEU AMELIORE L'ETAT PSYCHOLOGIQUE DES GENS ET CONTRIBUE A UNE MEILLEURE SANTE MENTALE ET PHYSIQUE.

*LES RECHERCHES MEDICALES MODERNES COMMENCENT A PRENDRE CONSCIENCE DE L'EXISTENCE DE CETTE VERITE. DAVID B LARSON ET SON EQUIPE DU "**AMERICAN NATIONAL HEALTH RESEARCH CENTER**" ONT EFFECTUE DES RECHERCHES EN COMPARANT DES GENS CROYANTS ET DES GENS ATHEES.*

ILS ONT TROUVE DES RESULTATS ETONNANTS : LES PERSONNES ATHEES ONT UNE DUREE DE VIE PLUS COURTE QUE CELLE DES CROYANTS. EN EFFET, LES GENS ATHEES PRESENTENT UN TAUX DE MALADIES CARDIAQUES SUPERIEUR DE 60% A CELUI DES GENS CROYANTS, COMME L'INFARCTUS DU MYOCARDE, L'ANGINE DE POITRINE, LES PALPITATIONS.

ILS SOUFFRENT AUSSI DE L'HYPERTENSION ARTERIELLE 7 FOIS PLUS QUE LES CROYANTS. A L'UNIVERSITE DE DUKE, UNE ETUDE MENEE SUR 750 PERSONNES AYANT SUBI UNE ANGIOCARDIOGRAPHIE, A PROUVE LE POUVOIR CURATIF DE LA PRIERE. IL A ETE ETABLI QUE LE TAUX DE MORTALITE CHEZ LES PERSONNES CARDIAQUES PRATIQUANT LA PRIERE DIMINUE DE 30% DANS L'ANNEE QUI SUIT L'OPERATION.

LA RECHERCHE A MONTRE QUE LES PERSONNES AGRESSIVES, NERVEUSES, ANXIEUSES, IMPATIENTES, QUI SONT HOSTILES ET IRRITABLES, ONT BIEN PLUS DE RISQUE D'AVOIR UNE CRISE CARDIAQUE QUE CELLES DONT LE CARACTERE EST CALME, OPTIMISTE ET SOURIANT.

LA RAISON EN EST QUE LA STIMULATION INTENSE DU SYSTEME NERVEUX SYMPATHIQUE, CONDUIT A UNE SECRETION EXCESSIVE D'INSULINE, QUI S'ACCUMULE DANS LE SANG, ET ABOUTIT A UNE MALADIE CORONARIENNE. LES PERSONNES ATHEES DEVELOPPENT DEUX FOIS PLUS DE MALADIES DIGESTIVES QUE LES CROYANTS COMME :

- *LES ULCERES GASTRODUODENAUX,*
- *LES ULCERES DU COLON,*
- *LES CANCERS GASTRODUODENAUX ET COLIQUES.*

AUSSI LE TAUX DE MALADIES RESPIRATOIRES CHEZ LES PERSONNES ATHEES EST SUPERIEUR DE 66% A CELUI DES CROYANTS. LES GENS ATHEES PRESENTENT DES TROUBLES PSYCHOLOGIQUES IMPORTANTS ET DES MALADIES MENTALES BEAUCOUP PLUS QUE LES CROYANTS COMME :

- *LA DEPRESSION L'ANXIETE,*
- *LA PANIQUE,*
- *LES BOUFFEES DE CHALEUR,*
- *LES CAUCHEMARS,*
- *L'INSOMNIE,*
- *LA CONFUSION,*
- *LES TROUBLES DE CONCENTRATION,*
- *LES TROUBLES DE MEMOIRE,*
- *LE PESSIMISME,*
- *LE DESESPOIR,*
- *L'ANOREXIE,*

- *LA BOULIMIE,*
- *LA TRANSPIRATION,*
- *LE BEGAIEMENT,*
- *LE TREMBLEMENT DE LA VOIX,*
- *LA MANQUE DE CONFIANCE EN SOI,*
- *LA MIGRAINE, ETC...*

EN EFFET LE STRESS NE PROVOQUE PAS SEULEMENT DES TROUBLES PSYCHOLOGIQUES, MAIS SE MANIFESTE AUSSI DANS L'ORGANISME, PAR DES MALADIES PSYCHOSOMATIQUES COMME :

- *LES ULCERES DIGESTIFS,*
- *LES COLITES ULCERATIVES,*
- *LES MALADIES OSSEUSES,*
- *LES ALLERGIES,*
- *LES NEPHROPATHIES,*
- *LES MALADIES DERMATOLOGIQUES,*
- *MAIS AUSSI LE RETRECISSEMENT DES ARTERES, ENTRAINANT L'INTERRUPTION DU FLUX SANGUIN VERS CERTAINES REGIONS COMME LE CERVEAU, LE CŒUR ET LES AUTRES ORGANES,*
- *ET MEME PARFOIS LA MORT DES CELLULES CEREBRALES.*

LES PERSONNES VICTIMES DU STRESS OBSERVENT DES REACTIONS CORPORELLES

- *UNE AUGMENTATION DU TAUX D'ADRENALINE DANS LE SANG,*
- *UNE AUGMENTATION DE LA CONSOMMATION D'ENERGIE ET LES REACTIONS BIOCHIMIQUES QUI ATTEIGNENT LEUR NIVEAU MAXIMAL,*
- *UNE AUGMENTATION DU SUCRE DU CHOLESTEROL ET DES ACIDES GRAS DANS LE SANG,*
- *UNE ACCELERATION DU POULS ET*
- *UNE AUGMENTATION DE LA PRESSION SANGUINE.*

SIMULTANEMENT, L'ADRENALINE ET LA NOREPINEPHRINE, QUI AFFECTENT LE SYSTEME NERVEUX EN PERIODE DE STRESS, SONT SECRETEES, PROVOQUANT AINSI UNE AUGMENTATION DE LA TENSION MUSCULAIRE. AINSI, LA DOULEUR PROVOQUE UNE TENSION, LA TENSION PROVOQUE L'ANXIETE, ET L'ANXIETE INTENSIFIE LA DOULEUR.

D'AUTRE PART, LES PSYCHIATRES DECLARENT QUE LE TAUX DE SUICIDE CHEZ LES ATHEES EST DE 100% PLUS HAUT QUE CHEZ LES CROYANTS. ILS ONT EXPLIQUE CES RESULTATS GRACE A LA FOI QUI AMELIORE L'ETAT PSYCHOLOGIQUE DES GENS, ET CONTRIBUE A UNE MEILLEURE SANTE.

SELON UNE EXPERIENCE MENEE PAR LINDA NAYLAR, DE L'UNIVERSITE D'OXFORD : LES EFFETS NEFASTES LIES AU STRESS SONT MESURABLES A L'ECHELLE DU SYSTEME IMMUNITAIRE. AINSI, IL EXISTE UN LIEN TRES ETROIT ENTRE LE STRESS ET LE SYSTEME IMMUNITAIRE ET LES HORMONES.

LE STRESS PROVOQUE L'AFFAIBLISSEMENT DU SYSTEME IMMUNITAIRE, ET L'AUGMENTATION DE LA PRODUCTION DE CORTISOL PAR L'ORGANISME. LES CHERCHEURS SCIENTIFIQUES ONT REMARQUE QU'EN PERIODE DE STRESS INTENSE, IL Y A UNE DIMINUTION DE LA REPONSE IMMUNITAIRE CE QUI CONDUIT A L'APPARITION DES MALADIES, DONT LE CANCER.

SELON UNE ENQUETE DU NEWSWEEK, 72% DES AMERICAINS PENSENT QUE LA PRIERE PEUT GUERIR LES MALADIES. DES ETUDES MENEES EN GRANDE BRETAGNE ET AUX ETATS-UNIS ONT EGALEMENT CONCLU QUE LA PRIERE REDUIT LES SYMPTOMES ET ACCELERE LE PROCESSUS DE GUERISON.

LE DR HERBERT BENSON DE LA FACULTE DE MEDECINE DE HARVARD A ABOUTI A DES RESULTATS ETONNANTS : L'ADORATION ET LA FOI EN DIEU A BEAUCOUP D'EFFETS BENEFIQUES SUR LA SANTE HUMAINE, ET AUCUNE AUTRE FOI N'APPORTE AUTANT DE SERENITE MENTALE QUE CELLE EN DIEU.

AUJOURD'HUI, LES MEDECINS DECLARENT QUE LE SANG-FROID ET LE CALME SONT ESSENTIELS POUR SE PROTEGER CONTRE LES EFFETS DU STRESS. OR UNE DISPOSITION CALME ET PACIFIQUE N'EST POSSIBLE QUE SI LES GENS VIVENT SELON LE CORAN.

TOUT CECI ABOUTIT A LA CONCLUSION QUE LE CORPS ET L'ESPRIT HUMAIN SONT REGLES DE MANIERE A CROIRE EN DIEU. ET L'ATHEISME NE CAUSE RIEN D'AUTRE QUE CHAGRIN ET MALHEUR. EN EFFET, IL A ETE REVELE DANS DE NOMBREUX VERSETS DU CORAN QUE DIEU FAIT DESCENDRE LA "SERENITE" SUR LES CROYANTS.

- *"QUICONQUE, MALE OU FEMELLE, FAIT UNE BONNE ŒUVRE TOUT EN ETANT CROYANT, NOUS LUI FERONS VIVRE UNE BONNE VIE. ET NOUS LES RECOMPENSERONS, CERTES, EN FONCTION DES MEILLEURES DE LEURS ACTIONS".* ***(CORAN 16/97).***

LE SUICIDE

DIEU A DIT :

- *"ET NE VOUS TUEZ PAS VOUS-MEMES. DIEU, EN VERITE, EST MISERICORDIEUX ENVERS VOUS. ET QUICONQUE COMMET CELA, PAR EXCES ET PAR INIQUITE, NOUS LE JETTERONS AU FEU, VOILA QUI EST FACILE POUR DIEU".* ***(CORAN 4/29-30).***

LE CORAN A ACCORDE UNE GRANDE IMPORTANCE AU PHENOMENE DU SUICIDE. DANS LE PREMIER VERSET, DIEU NOUS A ORDONNE DE PROTEGER NOS VIES ET DE NE PAS NOUS SUICIDER. IL A MEME PROPOSE DES REMEDES POUR ARRIVER A BOUT DE CE FLEAU. DONC IL S'AGIT D'UN ORDRE DIVIN AUQUEL ON NE DOIT PAS DESOBEIR. AINSI DIEU, D'UNE PART NOUS A INTERDIT FORMELLEMENT LE SUICIDE, ET D'AUTRE PART IL A DONNE LE REMEDE QUI EST L'ESPOIR, A LA PERSONNE QUI TENTE DE SE SUICIDER.

D'APRES LES STATISTIQUES DES NATIONS-UNIES, A CHAQUE MINUTE, IL Y A UNE PERSONNE QUI SE SUICIDE DANS LE MONDE. ET CHAQUE ANNEE, IL Y A : 873 000 PERSONNES QUI MEURENT PAR SUICIDE. EN 2002 LE NOMBRE DE PERSONNES SUICIDEES AUX ÉTATS UNIS D'AMERIQUE A DEPASSE 31000 CAS, DONT 25000 HOMMES, 6000 FEMMES, 5000 PERSONNES AGEES DE PLUS DE 65 ANS, ET 4000 JEUNES DE 15 A 24 ANS.

LES NATIONS-UNIES DECLARENT QU'IL Y A 5 MILLIONS DE PERSONNES QUI ONT TENTE DE SE SUICIDER EN 2002. MALGRE TOUS LES MOYENS DEVELOPPES, LE NOMBRE DE SUICIDES A AUGMENTE DE 60 % PAR RAPPORT A LA FIN DU 20EME SIECLE. LES RECHERCHES QUI ONT ETE FAITES SUR DES MILLIERS DE CAS DE PERSONNES SUICIDEES ONT CERTIFIE QU'IL Y A CERTAINS FACTEURS QUI INCITENT LES GENS A SE SUICIDER, COMME LA ***DEPRESSION****, LE* ***DESESPOIR****,* ***L'ISOLEMENT****,* ***L'ALCOOL****, LES* ***DROGUES****, LA* ***PERTE D'UNE CHOSE PRECIEUSE*** *OU UNE* ***GRANDE DEFAITE****.*

CES ETUDES RECENTES ONT MONTRE QU'IL EST NECESSAIRE DE REDONNER DE L'ESPOIR AUX PERSONNES DESESPEREES QUI PENSENT AU SUICIDE. C'EST POURQUOI ON TROUVE BEAUCOUP DE CENTRES SPECIALISES DANS CE DOMAINE. POUR CETTE RAISON, DIEU A FAIT SUCCEDER SON ORDRE D'UNE BONNE NOUVELLE POUR TOUT CROYANT, ***"DIEU, EN VERITE, EST MISERICORDIEUX ENVERS VOUS".*** *C'EST UN APPEL CHARGE D'OPTIMISME ET D'ESPOIR, CAR DIEU SAIT TRES BIEN QUE LA CAUSE DU SUICIDE EST LA PERTE D'ESPOIR DE TOUT CE QUI PEUT EXISTER AUTOUR DE LA PERSONNE.*

TOUTEFOIS, UNE QUESTION VIENT A L'ESPRIT. EST-IL SUFFISANT DE PARLER DE L'ESPOIR POUR EMPECHER LE SUICIDE ? LA REPONSE EST NON, PARCE QU'IL Y A DES GENS QUI N'OBEISSENT PAS A CET APPEL DE COMPASSION. POUR CELA, IL EST NECESSAIRE DE LEUR FAIRE PEUR.

LES PSYCHIATRES INSISTENT DANS LEURS RECHERCHES VISANT A ARRETER LE SUICIDE, SUR LE FAIT QU'IL EST NECESSAIRE DE FAIRE SAVOIR AUX PERSONNES, AYANT TENDANCE A SE SUICIDER, LA GRAVITE DE CET ACTE ET LES CONSEQUENCES QUI PEUVENT ETRE ENGENDREES AINSI QUE LES SOUFFRANCES QU'ILS ENDURENT ET LA FIN TRAGIQUE QUI LES ATTEND. CETTE TECHNIQUE S'EST AVEREE EFFICACE POUR EMPECHER LES GENS DE SE SUICIDER. MAIS CETTE METHODE A ETE INDIQUEE DANS LE CORAN IL Y A 1400 ANS, BIEN AVANT LES ETUDES DES PSYCHIATRES : ***"NOUS LE JETTERONS AU FEU"***

C'EST VRAIMENT UNE FIN EFFRAYANTE POUR TOUTE PERSONNE QUI TENTE DE SE DONNER LA MORT. POUR CETTE RAISON, LE TAUX LE PLUS BAS DE SUICIDE DANS LE MONDE EST RELEVE DANS LE MONDE ISLAMIQUE ! ET CECI GRACE AUX INSTRUCTIONS DU CORAN. L'OCCIDENT SOUFFRE DE L'ABSENCE D'INSTRUCTIONS QUI EMPECHERAIENT LES GENS DE SE SUICIDER, AINSI LE TAUX DE SUICIDE EST ELEVE.

CE QUI ATTIRE L'ATTENTION, C'EST QU'ON N'A JAMAIS TROUVE DANS L'HISTOIRE NI DANS LES STATISTIQUES, UN VRAI CROYANT QUI SE SUICIDE, CAR LE CROYANT EST TRES LOIN DES FACTEURS QUI INCITENT AU SUICIDE, COMME LA DEPRESSION, LE DESESPOIR, L'ISOLEMENT, L'ALCOOL, LES DROGUES. MAIS COMME TOUT ETRE HUMAIN, LE CROYANT PEUT PERDRE UNE CHOSE PRECIEUSE, OU AVOIR DES PROBLEMES FINANCIERS, FAMILIAUX, PROFESSIONNELS, DE SANTE, ETC.

DANS CES CONDITIONS LE CROYANT SE TROUVE CAPABLE DE SURMONTER LES DIFFICULTES QUI SE PRESENTENT A LUI, AU COURS DE SA VIE, CAR IL EST BIEN CONVAINCU QUE LES PROBLEMES DE LA VIE SONT DES CHOSES QUE DIEU LUI A DESTINEES ET QUI ECHAPPENT TOTALEMENT A SON CONTROLE. QUE CES PROBLEMES VIENNENT DE DIEU ET QU'IL DOIT CROIRE, QU'AU BOUT DU COMPTE, IL Y A DU BON EN ELLES, QU'IL SOIT EN MESURE DE LE VOIR OU NON, ET QUE DIEU A CREE L'HOMME POUR UNE VIE DE LUTTE COMME L'INDIQUE LE CORAN :

- *"NOUS AVONS, CERTES, CREE L'HOMME POUR UNE VIE DE LUTTE".* ***(CORAN 90/4).***
- *"TRES CERTAINEMENT, NOUS VOUS EPROUVERONS PAR UN PEU DE PEUR, DE FAIM ET DE DIMINUTION DE BIENS, DE PERSONNES ET DE FRUITS. ET FAIS LA BONNE ANNONCE AUX ENDURANTS".* ***(CORAN 2/155).***

AINSI LE CORAN NOUS A INDIQUE, IL Y A 1400 ANS, LA METHODE LA PLUS EFFICACE CONTRE LE SUICIDE : C'EST DE DONNER UNE DOSE DE COMPASSION ET D'ESPOIR A LA PERSONNE QUI TENTE DE SE SUICIDER ET EN MEME TEMPS LUI FAIRE PEUR DES CONSEQUENCES DE CET ACTE.

LE PARDON

DIEU A DIT:

- *"ACCEPTE CE QU'ON T'OFFRE DE RAISONNABLE, COMMANDE CE QUI EST CONVENABLE ET ELOIGNE-TOI DES IGNORANTS".* ***(CORAN7/199).***

- *"LA SANCTION D'UNE MAUVAISE ACTION EST UNE MAUVAISE ACTION [UNE PEINE] IDENTIQUE. MAIS QUICONQUE PARDONNE ET REFORME, SON SALAIRE INCOMBE A DIEU".* ***(CORAN42/40).***

- *"ET CELUI QUI ENDURE ET PARDONNE, CELA EN VERITE, FAIT PARTIE DES BONNES DISPOSITIONS ET DE LA RESOLUTION DANS LES AFFAIRES".* ***(CORAN42/43).***

- *"ET QUE LES DETENTEURS DE RICHESSE ET D'AISANCE PARMI VOUS, NE JURENT PAS DE NE PLUS FAIRE DES DONS AUX PROCHES, AUX PAUVRES, ET A CEUX QUI EMIGRENT DANS LE SENTIER DE DIEU. QU'ILS PARDONNENT ET ABSOLVENT. N'AIMEZ-VOUS PAS QUE DIEU VOUS PARDONNE? ET DIEU EST PARDONNEUR ET MISERICORDIEUX!".* ***(CORAN24/22).***

- *"Ô VOUS QUI AVEZ CRU, VOUS AVEZ DE VOS EPOUSES ET DE VOS ENFANTS UN ENNEMI [UNE TENTATION]. PRENEZ-Y GARDE DONC. MAIS SI VOUS [LES] EXCUSEZ PASSEZ SUR [LEURS] FAUTES ET [LEUR] PARDONNEZ, SACHEZ QUE DIEU EST PARDONNEUR, TRES MISERICORDIEUX".* ***(CORAN64/14).***

BEAUCOUP DE VERSETS DU CORAN RECOMMANDENT LE PARDON. DIEU NOUS DEMANDE DE PARDONNER A CEUX QUI NOUS ONT CAUSE UN DOMMAGE, SURTOUT AUX PLUS PROCHES : NOS FAMILLES, NOS ENFANTS, NOS AMIS. LE PARDON DU CROYANT EST TRES DIFFERENT DU PARDON DE L'ATHEE.

CE DERNIER A BESOIN D'UNE LONGUE PERIODE POUR SE LIBERER DE LA HAINE, PAR CONTRE LE PARDON DU CROYANT EST SINCERE ET IL EST CAPABLE DE PARDONNER MEME LORSQU'IL A RAISON ET QUE L'AUTRE A TORT, SANS JAMAIS LAISSER DE PLACE A LA COLERE NI A LA HAINE, CAR IL SAIT BIEN QUE L'HOMME EST EPROUVE DANS CE MONDE.

SELON UNE ETUDE "LES ETUDES DU BONHEUR" PUBLIEE DANS LA REVUE : "JOURNAL OF HAPPINESS STUDIES" LES SCIENTIFIQUES ONT CONSTATE QUE LE PARDON CACHE BEAUCOUP DE SECRETS BENEFIQUES ET QU'IL Y A UNE RELATION INSEPARABLE ENTRE LE PARDON ET LE BONHEUR.

AINSI, LES GENS QUI PARDONNENT SONT CEUX QUI SOUFFRENT LE MOINS DE TROUBLES PSYCHOLOGIQUES. LES SCIENTIFIQUES ONT CONCLU QUE LES PERSONNES INDULGENTES SONT LES MOINS TOUCHEES PAR L'HYPERTENSION ARTERIELLE ET LA CRISE CARDIAQUE.

*LE PSYCHOLOGUE **FREDERIC LUSKIN** ET SON EQUIPE A L'UNIVERSITE DE STANFORD, ONT EFFECTUE DES ETUDES SUR LE PARDON. ILS ONT TROUVE DES RESULTATS ETONNANTS : EN EFFET, LES GENS QUI SONT CAPABLES DE PARDONNER SONT EN MEILLEURE SANTE MENTALE ET PHYSIQUE QUE LES GENS INCAPABLES DE PARDONNER. MIEUX ENCORE, LES GENS QUI PARDONNENT ONT EU UNE AMELIORATION DES SYMPTOMES PHYSIQUES : TELS QUE LE MAL DE DOS LIE AU STRESS, L'INSOMNIE, LA DEPRESSION ET LES DOULEURS ABDOMINALES.*

LE PROFESSEUR LUSKIN DECLARE QUE LA COLERE EST EXTREMEMENT NEFASTE POUR LE CŒUR : UNE PERSONNE EXPRIMANT UNE COLERE EXPLOSIVE LORS D'UNE BAGARRE QUI INCITE A VOULOIR CASSER DES CHOSES OU A BLESSER QUELQU'UN, PRESENTE TROIS FOIS PLUS DE RISQUES DE DEVELOPPER UNE MALADIE CARDIAQUE QUE QUELQU'UN DE CARACTERE PLUS TEMPERE.

EN EFFET PENDANT LA COLERE, LE CORPS LIBERE DES HORMONES DE STRESS QUI AUGMENTENT LA DEMANDE EN OXYGENE PAR LES CELLULES DU MUSCLE CARDIAQUE, ET AUGMENTENT LA VISCOSITE DES PLAQUETTES SANGUINES CONDUISANT AINSI A LA FORMATION DE CAILLOTS DE SANG. DURANT LES CRISES DE COLERE, LA FREQUENCE CARDIAQUE S'ACCELERE ET ENTRAINE UNE ELEVATION DE LA PRESSION ARTERIELLE QUI CONDUIT A L'INFARCTUS DU MYOCARDE.

SELON LE PROFESSEUR EDWARD SUAREZ DE L'UNIVERSITE DUKE, LA COLERE DECLENCHE LA PRODUCTION DE PROTEINES INFLAMMATOIRES DANS LE SANG QUI PROVOQUERAIENT LE DURCISSEMENT DES ARTERES, FAVORISANT AINSI LES MALADIES CARDIO-VASCULAIRES ET LES ACCIDENTS VASCULAIRES CEREBRAUX.

CETTE PROTEINE INTERLEUKINE-6 OU (IL-6) EST PRESENTE A UNE CONCENTRATION PLUS ELEVEE CHEZ LES HOMMES COLERIQUES ET DEPRIMES. LES CONCENTRATIONS SANGUINES ELEVEES DE (IL-6) PROVOQUENT L'ATHEROSCLEROSE, ET L'APPARITION DE DEPOTS DE GRAISSES AU NIVEAU DES PAROIS ARTERIELLES.

AINSI LA COLERE FAVORISE L'AUGMENTATION DE LA SECRETION DES HORMONES ADRENALINE ET NORADRENALINE DANS LE SANG QUI CONDUIT A PLUSIEURS PERTURBATIONS BIOLOGIQUES DANS L'ORGANISME, RESPONSABLES DE L'APPARITION DES MALADIES. PAR EXEMPLE :

- *ACCELERATION DE LA FREQUENCE CARDIAQUE ET RESPIRATOIRE RESPONSABLE DE MALADIES CARDIORESPIRATOIRES.*
- *AUGMENTATION DE LA TENSION ARTERIELLE RESPONSABLE D'UN INFARCTUS DU MYOCARDE, OU UN ACCIDENT VASCULAIRE CEREBRAL QUI PEUVENT ETRE FATALS.*

- *AUGMENTATION DE LA GLYCEMIE RESPONSABLE DE LA MALADIE DIABETIQUE. AUGMENTATION DU CHOLESTEROL DANS LE SANG RESPONSABLE DE L'ATHEROSCLEROSE.*
- *RALENTISSEMENT DU PERISTALTISME INTESTINAL RESPONSABLE DE LA CONSTIPATION.*
- *AFFAIBLISSEMENT DU SYSTEME IMMUNITAIRE RESPONSABLE DES CANCERS.*

AU CONTRAIRE, L'INDULGENCE FAVORISE LA PREVENTION DE TOUTES LES PERTURBATIONS BIOLOGIQUES DANS L'ORGANISME, RESPONSABLE DE L'APPARITION DES MALADIES.

LE SECRET DE L'EXPLICATION SCIENTIFIQUE A CE SUJET, EST QUE LES PERSONNES INDULGENTES QUI SONT HABITUEES A PARDONNER DEVIENNENT AVEC LES TEMPS MOINS INFLUENCES PAR LES SITUATIONS BOULEVERSANTES, CE QUI FAVORISE CHEZ EUX LA PROTECTION CONTRE L'HYPERTENSION ARTERIELLE. AUSSI, CES PERSONNES BENEFICIENT D'UN SOMMEIL TRANQUILLE PUISQU'ELLES NE PENSENT JAMAIS A LA VENGEANCE, CE QUI ELOIGNE LES MAUVAIS CAUCHEMARS DE LEUR SOMMEIL.

BOOKER D. WASHINGTON *UN ESCLAVE INTERROGE A L'ABOLITION DE L'ESCLAVAGE SUR LA HAINE QU'IL DEVAIT CERTAINEMENT RESSENTIR A L'EGARD DE SES ANCIENS MAITRES A DIT : « JE NE PERMETTRAIS JAMAIS A UN HOMME DE DEGRADER MON ESTIME PERSONNELLE EN M'AMENANT A LE HAÏR »*
L'INDULGENCE REDUIT LA MORT DES NEURONES CEREBRAUX, RAISON POUR LAQUELLE LES CERVEAUX DES PERSONNES INDULGENTES SONT PLUS GRANDS AU NIVEAU DE LA FORME ET PLUS ACTIFS AU NIVEAU DU FONCTIONNEMENT.

CERTAINES ETUDES PROUVENT QUE L'IMMUNITE CHEZ LES PERSONNES INDULGENTES EST PLUS FORTE, CE QUI FAIT DE L'INDULGENCE UNE PROTECTION CONTRE PLUSIEURS MALADIES, COMME LE CANCER. LES SPECIALISTES DE LA PROGRAMMATION NEUROLINGUISTIQUE ESTIMENT QUE LA MEILLEURE FAÇON DE TRAITER UN ENFANT EST D'ETRE INDULGENT ENVERS LUI, AINSI AVEC LE TEMPS, IL S'HABITUERA A PARDONNER AUX AUTRES, CE QUI TUERA CHEZ LUI L'ESPRIT DE VENGEANCE.

LES SCIENTIFIQUES NOUS CONSEILLENT D'OUBLIER TOUTES LES SITUATIONS BOULEVERSANTES AFIN DE SOULAGER LE CERVEAU D'UNE NUISIBLE REFLEXION DE VENGEANCE NEFASTE A LA SANTE. DANS CE CAS PENSER A LA VENGEANCE EST PLUS DEFAVORABLE AU VENGEUR, QU'IL L'EST A L'ADVERSAIRE. AINSI, LE MUSULMAN EST CENSE ETRE INDULGENT COMME DIEU L'ORDONNE, IL DOIT PARDONNER A SES AMIS, A SA FAMILLE, ET A TOUS CEUX QUI SE SONT MOQUES DE LUI.

LA FORNICATION

DIEU A DIT:

- *"ET N'APPROCHEZ POINT LA FORNICATION. EN VERITE, C'EST UNE TURPITUDE ET QUEL MAUVAIS CHEMIN!".* ***(CORAN17/32).***

LE PROPHETE MOHAMMED (SAS) A DIT:

- *"LORSQUE L'ADULTERE APPARAIT DANS UN PEUPLE, ET QU'ILS LE FONT OUVERTEMENT, LA PESTE ET LES MALADIES QUI N'ETAIENT PAS CONNU DE LEURS ANCETRES SE REPANDENT".* ***(BIN MAJA).***
- *"L'ADULTERE NE SE REPAND POINT DANS AUCUN PEUPLE SANS QUE LA MORT NE SEVISSE PARMI EUX".* ***(MALIK).***
- *"IL N Y A PAS PIRE PECHE, APRES LE PECHE DU POLYTHEISME, QU'UN SPERMATOZOÏDE POSE PAR UN HOMME DANS LA MATRICE D'UNE FEMME QUI LUI EST ILLEGITIME".* ***(HAITHAME BIN MALEK EL TAAI)***

LE CORAN INTERDIT LA FORNICATION ET BARRE LA ROUTE QUI Y MENE EN INVITANT A LA PUDEUR ET AU MARIAGE. DIEU TOUT-PUISSANT CONNAIT TRES BIEN LA NATURE DE SA CREATION, IL NE S'EST PAS CONTENTE D'INTERDIRE LA FORNICATION, ET DE PRESCRIRE DES SANCTIONS, MAIS IL A BLOQUE TOUTES LES VOIES SUSCEPTIBLES DE MENER LA SOCIETE A DE TELLES PRATIQUES.

C'EST CE QU'ON DOIT COMPRENDRE DE L'EXPRESSION : ***"ET N'APPROCHEZ POINT LA FORNICATION".*** *ÇA VEUT DIRE NE VOUS EN APPROCHEZ PAS DU TOUT, QUELLE QUE SOIT LA CAUSE OU LE PRETEXTE, ET EVITEZ TOUT CE QUI Y MENE, ET ADOPTEZ UNE TENUE VESTIMENTAIRE MODESTE.*

L'ISLAM A MIS DES SOLUTIONS POUR EVITER LA FORNICATION. AINSI LE DIVORCE EST PERMIS LORSQUE LA VIE COMMUNE S'AVERE DIFFICILE, ET LA POLYGAMIE EST PERMISE EGALEMENT EN CAS DE NECESSITE EXTREME, MAIS A CONDITION D'ETRE PARFAITEMENT EQUITABLE ENTRE LES EPOUSES.

CES MESURES EMPECHENT LA PROPAGATION DE L'ADULTERE, COMME C'EST LE CAS CHEZ LES PEUPLES QUI INTERDISENT LE DIVORCE ET QUI N'AUTORISENT PAS LA POLYGAMIE. LES HADITHS DU PROPHETE (SAS) NOUS DEMONTRENT QUE DIEU A FAIT UNE LOI SOCIALE APPLICABLE A TOUTE SOCIETE HUMAINE. CETTE LOI SE PRESENTE COMME SUIT :

- *TOUTE VULGARISATION DE LA FORNICATION ET DE L'HOMOSEXUALITE DANS LA SOCIETE AURA POUR CONSEQUENCE LA PROFUSION DES MALADIES SEXUELLEMENT TRANSMISSIBLES DE FAÇON EPIDEMIQUE ET SANS PRECEDENT.*

*LE PROPHETE MUHAMMAD (SAS) A DIT : "**LORSQUE L'ADULTERE APPARAIT DANS UN PEUPLE**, ET QU'ILS LE FONT OUVERTEMENT, LA PESTE ET LES MALADIES QUI N'ETAIENT PAS CONNUES DE LEURS ANCETRES SE REPANDENT".*

LES SOCIETES OCCIDENTALES ONT SUBI LA CONSEQUENCE DE CETTE LOI, SUITE A LA VULGARISATION DU LIBERTINAGE ET DE L'HOMOSEXUALITE DONT ILS FONT MEME LA PUBLICITE. LA SENSATION DE HONTE DE COMMETTRE L'ADULTERE OU D'AVOIR DES RELATIONS HOMOSEXUELLES N'EXISTE PLUS. LES MEDIAS OCCIDENTAUX SONT MEME ALLES JUSQU'A BLAMER LA CHASTETE QUI INSPIRE LA HONTE.

EN SOMME, LES MEDIAS INCITENT AU LIBERTINAGE SEXUEL. CELUI QUI REGARDE LE MONDE AUJOURD'HUI NE TROUVE PAS LA CHASTETE, MAIS LE LIBERTINAGE.
UN MONDE DANS LEQUEL L'HOMME NE CONNAIT PAS LA DIGNITE, NE DONNE AUCUNE VALEUR A L'HONNEUR, IL A DES COMPORTEMENTS BESTIAUX, PRATIQUE DES ACTES ELOIGNES DE LA PUDEUR, DU SENS DE L'HONNEUR. LA FORNICATION RASSEMBLE TOUS LES MAUX. A CAUSE D'ELLE, LES MALADIES MEURTRIERES SE REPANDENT DANS LA SOCIETE. LES MALHEURS SURGISSENT DE DIFFERENTES MANIERES :

- *LA DESCENDANCE SE MELANGE,*
- *LE CARACTERE NOBLE DE LA FAMILLE DISPARAIT,*
- *LA BENEDICTION S'EN VA,*
- *LA SUBSISTANCE DEVIENT DIFFICILE A ACQUERIR,*
- *SANS PARLER DES PROBLEMES ET DE LA HAINE QUE CELA ENGENDRE ENTRE LES GENS ET DES MALADIES ET EPIDEMIES DE TOUTES SORTES QUI FONT PEUR AUX HOMMES.*

LA SAGESSE D'INTERDIRE LA FORNICATION SUR LE PLAN MEDICAL N'EST APPARU QU'APRES L'INVENTION DU MICROSCOPE ET LA DECOUVERTE DES MICROBES A L'ORIGINE DES MALADIES SEXUELLEMENT TRANSMISSIBLES PAR L'INTERMEDIAIRE DES PRATIQUES SEXUELLES ILLICITES, COMME LA SYPHILIS, LA GONORRHEE ET LE SIDA.

*D'OU LA PAROLE PROPHETIQUE, QUI PARLE DE CES MALHEURS ET PREVIENT CONTRE CES DANGERS : "**LORSQUE L'ADULTERE...".** LES MICROBIOLOGISTES ONT DECOUVERT AU COURS DES DEUX SIECLES PASSES QU'IL Y A UN GROUPE DE BACTERIES ET DE VIRUS QUI NE SE TRANSMETTENT QUE PAR UN RAPPORT SEXUEL ANORMAL COMME (HOMOSEXUALITE, LA FORNICATION).*

SELON CES SCIENTIFIQUES, LA VULGARISATION DE CES PRATIQUES SEXUELLES MENACE LA SOCIETE DE NOUVELLES EPIDEMIES, VU QUE LES MICROBES PATHOGENES DE CES EPIDEMIES CHANGENT CONSTAMMENT DE CARACTERISTIQUES, CE QUI REND INCURABLES LES MALADIES QU'ILS CAUSENT.

DE MEME, LE CORPS ECHOUE A COMBATTRE CES MALADIES VU LA DEFAILLANCE DU SYSTEME IMMUNITAIRE, SANS OUBLIER QUE CES MICROBES REAPPARAISSENT TOUJOURS SOUS DE NOUVELLES FORMES. LES MALADIES SEXUELLEMENT TRANSMISSIBLES SE SONT REPANDUES EN OCCIDENT DE FAÇON EPIDEMIQUE, CAUSANT DES DOULEURS ATROCES.

LA SYPHILIS FRAPPA D'ABORD DEPUIS 1494, TUANT DES MILLIONS DE PERSONNES. ET JUSQUE-LA, LE MICROBE PATHOGENE DE CETTE MALADIE CONTINUE A FAIRE RAGE EN CHANGEANT DE CARACTERISTIQUES. DE MEME, LA BLENNORRAGIE S'ANNONÇA COMME L'UNE DES MST LES PLUS REPANDUES DANS LE MONDE.

CETTE DERNIERE S'AVERA ETRE UN GRAVE STERILISANT POUR TOUS CEUX QUI EN SOUFFRENT. ET POUR FINIR, LE SIDA QUI DETRUIT TOUT LE SYSTEME IMMUNITAIRE DE L'HOMME ET DETRUIT PAR LA SUITE SES ORGANES L'UN APRES L'AUTRE, LUI CAUSANT UNE DOULEUR ATROCE JAMAIS CONNUE AUPARAVANT PAR L'HUMANITE JUSQU'A LA DECOUVERTE DE CE VIRUS EN 1983.

LA SYPHILIS EST UNE MALADIE QUI SE PROPAGE DANS LE MONDE ENTIER. ELLE EVOLUE EN VERITABLE EPIDEMIE DE TEMPS A AUTRE. CETTE MALADIE EST TRANSMISE PAR VOIE SEXUELLE ET PEUT AUSSI ETRE TRANSMISES PAR LA FEMME ENCEINTE A SON ENFANT. LA LIBERTE SEXUELLE ACTUELLE ET LA FORNICATION SONT CONSIDEREES COMME ETANT LES FACTEURS PRINCIPAUX DE LA PROPAGATION DE CETTE MALADIE. LORSQUE LA FEMME ENCEINTE EST ATTEINTE DE CETTE MALADIE, LES BACTERIES TRAVERSENT LE PLACENTA CAUSANT AINSI LA MORT DU BEBE.

LE SIDA EST LA DERNIERE STATION DE L'HOMME AVEC LES MALADIES CONTAGIEUSES CAUSEES PAR LES RELATIONS ILLEGALES ET LA PRATIQUE ANARCHIQUE DU SEXE, LE SIDA MENACE DE DETRUIRE TOUTE L'HUMANITE PLUS QUE N'IMPORTE QUELLE AUTRE MALADIE SUR TERRE.

LES TURPITUDES SONT PRINCIPALEMENT LES SEULES CAUSES DES MALADIES SEXUELLEMENT TRANSMISSIBLES. CES MALADIES SONT CONTAGIEUSES, ET TRANSMISSIBLES PAR N'IMPORTE QUELLE VOIE PARMI LES DIFFERENTES SORTES DE RAPPORTS SEXUELS QU'IL SOIT HETEROSEXUEL OU HOMOSEXUEL, QU'IL SOIT VAGINAL OU ANAL.

LE PROPHETE MUHAMMAD (SAS) A DIT : "LORSQUE L'ADULTERE APPARAIT DANS UN PEUPLE, ET QU'ILS LE FONT OUVERTEMENT, LA PESTE ET LES MALADIES QUI N'ETAIENT PAS CONNUES DE LEURS ANCETRES SE REPANDENT". AINSI, LES PREDICTIONS DU PROPHETE (SAS) SE SONT REALISEES PROUVANT UNE FOIS DE PLUS QUE LE PROPHETE (SAS) EST SANS AUCUN DOUTE LE MESSAGER DE DIEU.

LA PERVERSITE SEXUELLE

DIEU A DIT :

- *"ET LOT, QUAND IL DIT A SON PEUPLE: «VOUS LIVREZ VOUS A CETTE TURPITUDE QUE NUL, PARMI LES MONDES, N'A COMMISE AVANT VOUS? CERTES, VOUS ASSOUVISSEZ VOS DESIRS CHARNELS AVEC LES HOMMES AU LIEU DES FEMMES ! VOUS ETES BIEN UN PEUPLE OUTRANCIER»".* ***(CORAN7/80-81).***

- *"ACCOMPLISSEZ-VOUS L'ACTE CHARNEL AVEC LES MALES DE CE MONDE? ET DELAISSEZ-VOUS LES EPOUSES QUE VOTRE SEIGNEUR A CREEES POUR VOUS ? MAIS VOUS N'ETES QUE DES GENS TRANSGRESSEURS".* ***(CORAN26/165-166).***

- *"[ET RAPPELLE-LEUR] LOT, QUAND IL DIT A SON PEUPLE: «VOUS LIVREZ-VOUS A LA TURPITUDE [l'HOMOSEXUALITE] ALORS QUE VOUS VOYEZ CLAIR». VOUS ALLEZ AUX HOMMES AU LIEU DE FEMMES POUR ASSOUVIR VOS DESIRS? VOUS ETES PLUTOT UN PEUPLE IGNORANT".* ***(CORAN27/54).***

LE PROPHETE MOHAMMED (SAS) A DIT:

- *"SI UN HOMME A DES RAPPORTS SEXUELS AVEC UN AUTRE HOMME, ILS SONT TOUS DEUX FORNICATEURS".*
- ***(AL BAYHAQI).***

- *"LE LESBIANISME ENTRE FEMMES EST UNE FORNICATION ENTRE ELLES".* ***(TABARANI).***

- *"MAUDIT CELUI QUI PREND SA FEMME PAR DERRIERE".* ***(ABOU DAOUD).***

DANS LE CORAN, DIEU ATTIRE NOTRE ATTENTION SUR L'INTERDICTION ABSOLUE DE PRATIQUER DES RELATIONS SEXUELLES PERVERSES SOIT AVEC LEURS EPOUSES PAR EXEMPLE ***"LA SODOMIE"*** *SOIT AVEC DES HUMAINS DU MEME SEXE* ***"L'HOMOSEXUALITE MASCULINE OU FEMININE".***

LE LESBIANISME ET LA SODOMIE SONT CONTRAIRES A LA NATURE HUMAINE, MEME LES ANIMAUX SONT FAITS TELS QUE LE MALE EST ATTIRE PAR LA FEMELLE ET VICE VERSA. CELUI QUI S'OPPOSE A CET ORDRE S'OPPOSE A LA NATURE. LA PROPAGATION DE CES PRATIQUES A ENTRAINE L'ECLOSION DE NOMBREUSES MALADIES QUE NI L'ORIENT NI L'OCCIDENT NE PEUVENT IGNORER.

DANS LE TRAVAIL, OU DANS LA SOCIETE, IL Y A DES LIMITES A TOUT ET PARTOUT. MAIS QUAND ON PARLE DE RELIGION ON VOUS DIT QU'IL FAUT DES LIBERTES ! LES VERSETS CORANIQUES MENTIONNENT A PLUSIEURS REPRISES LE PEUPLE DE LOTH COMME LEÇON POUR LES HOMMES DE TOUTES LES EPOQUES.

LES HOMOSEXUELS NE SE SONT PAS CONTENTES DES RELATIONS SEXUELLES AVEC LE SEXE OPPOSE SUR LA BASE DES LOIS DE LA RELIGION ET DE LEUR PROPRE NATURE, ET SE SONT ADONNES A DES PRATIQUES ELOIGNEES DE LA BONNE VOIE. L'HOMOSEXUEL DENATURE SES ENVIES SEXUELLES VERS LES HOMMES PLUS QUE VERS SA PROPRE FEMME.

CELA CONDUIT OU A UN DIVORCE OU A LA PRATIQUE DE PERVERSIONS SEXUELLES AVEC ELLE EN LA SODOMISANT. QUANT A LA PERSONNE SODOMISEE, ELLE S'EXPOSE A DES DEFORMATIONS ET DESEQUILIBRES PHYSIQUES VOIR ANATOMIQUES ET HORMONAUX AVEC DES COMPLICATIONS PATHOLOGIQUES ET FINIT PAR ETRE PERTURBEE PSYCHOLOGIQUEMENT.

LE PHENOMENE DE PROPAGATION DE LA SATISFACTION SEXUELLE PAR DES VOIES INTERDITES, MENE LA JEUNESSE AU REFUS DU MARIAGE LEGAL ET A LA FUITE DE LA RESPONSABILITE DE FONDER UNE FAMILLE, QUI EST L'ELEMENT DE BASE CONSTITUANT LA SOCIETE. CECI MENE A LA DISSOLUTION DE CETTE SOCIETE ET SA TRANSFORMATION EN DES INDIVIDUALITES INSOCIABLES SANS AUCUN DENOMINATEUR EN COMMUN.

L'ENCYCLOPEDIE BRITANNIQUE RAPPORTE QUE LES HOMOSEXUELS SONT SORTIS DE LEUR CLANDESTINITE ET SE SONT OFFERT DES CLUBS, DES BARS, DES JARDINS, DES PLAGES, DES PISCINES ET MEME DES TOILETTES PUBLIQUES. CERTAINES EGLISES OCCIDENTALES ONT AUSSI FINI PAR PERMETTRE L'HOMOSEXUALITE. IL Y EN A MEME QUI VONT JUSQU'A CELEBRER DES MARIAGES HOMOSEXUELS, SANS OUBLIER LES MULTIPLES ASSOCIATIONS QUI DEFENDENT LES INTERETS DES HOMOSEXUELS.

D'AUTRE PART, L'HOMOSEXUALITE FEMININE EST BASEE SUR DES PRATIQUES CONTRE NATURE AUXQUELLES S'ADONNENT CERTAINES FEMMES, ET CONSISTENT EN UN RAPPORT SEXUEL ENTRE DES FEMMES IMITANT AINSI LES CARESSES ET LES ATTOUCHEMENTS INTIMES QUI SE PRODUISENT DANS UN COUPLE HETEROSEXUEL, ET CES ACTES SONT STRICTEMENT INTERDITS SELON UN HADITH DU PROPHETE (SAS) : ***"LE LESBIANISME ENTRE FEMMES EST UNE FORNICATION ENTRE ELLES".***

LES TURPITUDES SONT PRINCIPALEMENT LES SEULES CAUSES DES MALADIES SEXUELLEMENT TRANSMISSIBLES ET LE PLUS IMPORTANT MODE DE LEUR TRANSMISSION ET LEUR PROPAGATION, COMME LA SYPHILIS, L'HEPATITE VIRALE, LA GONORRHEE ET LE SIDA.

CES MALADIES SONT CONTAGIEUSES, ET TRANSMISSIBLES PAR LES RAPPORTS SEXUELS, ET PEUVENT SE TRANSMETTRE PAR N'IMPORTE QUELLE VOIE PARMI LES DIFFERENTES SORTES DE RAPPORTS SEXUELS, HETEROSEXUELS OU HOMOSEXUELS, VAGINAUX OU ANAUX.

*CES ACTES SONT STRICTEMENT INTERDITS SELON LE HADITH DU PROPHETE (SAS) : "**MAUDIT CELUI QUI PREND SA FEMME PAR DERRIERE**". **(ABOU DAOUD).** LA PROPAGATION DE CES MALADIES RESULTAT DE LA LIBERTE SEXUELLE N'EST AUTRE QUE LA CONFIRMATION DE LA PROPHETIE DU PROPHETE MUHAMMAD (SAS) QUI A DIT DANS LE HADITH SUIVANT : **« ET IL N'APPARAIT DE TURPITUDE DANS UN PEUPLE SANS ETRE ANNONCEE PAR DE GRAVES MALADIES QUE LEURS ANCETRES N'ONT JAMAIS CONNUES AUPARAVANT ».***

LE SIDA EST L'EPIDEMIE DE LA FIN DU 20EME SIECLE. CETTE MALADIE SE PROPAGE RAPIDEMENT PARMI LES HOMOSEXUELS, LES PROSTITUEES ET DANS LES MILIEUX AUX PRATIQUES SEXUELLES ILLEGALES. CETTE MALADIE MENACE DE DETRUIRE TOUTE L'HUMANITE PLUS QUE N'IMPORTE QUELLE AUTRE MALADIE SUR TERRE.

ELLE EST LIEE A UN VIRUS APPELE VIH (VIRUS IMMUNODEFICIENCE HUMAINE) QUI EST TRES SENSIBLE A LA CHALEUR ET AUX DESINFECTANTS CHIMIQUES. LE VIRUS SE TROUVE PRINCIPALEMENT DANS LE SANG INFECTE, DANS LE SPERME, DANS LE VAGIN ET LA MATRICE. LES RELATIONS SEXUELLES SONT LES VOIES PRINCIPALES POUR LA CONTAMINATION QUELQUE QUE SOIT LA NATURE DE CES RELATIONS (HETEROSEXUELLES OU HOMOSEXUELLES).

LE RISQUE DE LA CONTAMINATION ET DE LA TRANSMISSION EST PLUS ELEVE CHEZ LES HOMOSEXUELS COMPTE-TENU DE LA SPECIFICITE DE LA PENETRATION ANALE. LA TRANSFUSION INCONTROLEE ET L'UTILISATION DES INSTRUMENTS MEDICAUX NON STERILISES, COMME LES SERINGUES CHEZ LES TOXICOMANES, CONDUISENT EGALEMENT A LA CONTAMINATION.

UNE ETUDE STATISTIQUE PROUVE QUE 30% DES TOXICOMANES EN EUROPE SONT CONTAMINES PAR LE SIDA. RAPPELONS AUSSI QUE LA FEMME ENCEINTE PEUT TRANSMETTRE LE VIRUS A SON FŒTUS A UN TAUX DE 50%. QUAND LE VIRUS PENETRE A L'INTERIEUR DU CORPS, IL DETRUIT EN PARTIE LE SYSTEME IMMUNITAIRE QUI EST CHARGE DE DEFENDRE L'INDIVIDU CONTRE LES MICROBES.

LE MALADE DEVIENT ALORS EXTREMEMENT FRAGILE ET PEUT ALORS DEVELOPPER DES INFECTIONS. IL NE CONVIENT PAS A L'ETRE HUMAIN DE DOUTER UN SEUL INSTANT DE LA SAGESSE DE LA LOI DE DIEU. IL DOIT SAVOIR QUE LES PRESCRIPTIONS ET LES PROSCRIPTIONS DIVINES REPOSENT SUR UNE SAGESSE PARFAITE ET ABSOLUE, ET TRACENT LE CHEMIN DROIT, LE SEUL DANS LE CADRE DUQUEL L'HOMME PEUT VIVRE DANS LA SECURITE, ET PRESERVE SON HONNEUR, ET SA SANTE, TOUT EN ETANT EN PARFAITE HARMONIE AVEC LA NATURE.

LES MENSTRUATIONS

DIEU A DIT :

- *"ET ILS T'INTERROGENT SUR LA MENSTRUATION DES FEMMES. DIS : "C'EST UN MAL. ÉLOIGNEZ-VOUS DONC DES FEMMES PENDANT LES MENSTRUES, ET NE LES APPROCHEZ QUE QUAND ELLES SONT PURES. QUAND ELLES SE SONT PURIFIEES, ALORS COHABITEZ AVEC ELLES SUIVANT LES PRESCRIPTIONS DE DIEU CAR DIEU AIME CEUX QUI SE REPENTENT, ET IL AIME CEUX QUI SE PURIFIENT". **(CORAN 2/222).***

***LE PROPHETE MUHAMMAD (SAS) A DIT :** "VOUS POUVEZ TOUT FAIRE SAUF LES RAPPORTS SEXUELS". **(MOUSLIM).** LE VERSET CORANIQUE CI-DESSUS FAIT CLAIREMENT ALLUSION, IL Y A QUATORZE SIECLES A L'INTERDICTION DES RAPPORTS SEXUELS PENDANT LA PERIODE DE MENSTRUATION DE LA FEMME. IL EST INTERDIT DE COUCHER AVEC UNE FEMME EN ETAT DE MENSTRUATION.*

PAR CONTRE, CELA NE VEUT PAS DIRE QUE L'ON NE PEUT PAS APPROCHER SA FEMME PENDANT LES MENSTRUATIONS. L'ORDRE DE S'ELOIGNER FAIT REFERENCE A L'ACTE SEXUEL UNIQUEMENT, AINSI L'HOMME ET LA FEMME ONT LE DROIT DE DORMIR DANS LE MEME LIT, LA FEMME FERA A MANGER SANS AUCUN PROBLEME. CEPENDANT, IL EST PERMIS DE S'AMUSER AVEC L'EPOUSE INDISPOSEE, A CONDITION D'EVITER LE SEXE. IL EST DONC PERMIS DE LA CARESSER AU-DESSUS DE L'OMBILIC JUSQU'A LA TETE ET DE LA CUISSE JUSQU'AU PIED. LE PROPHETE (SAS) AVAIT MEME L'HABITUDE DE CAJOLER SA FEMME AÏCHA LORSQU'ELLE ETAIT MENSTRUEE COMME ELLE NOUS LE DIT DANS CE HADITH :

*"LE PROPHETE (SAS) ET MOI AVIONS L'HABITUDE DE NOUS LAVER ENSEMBLE DANS UN MEME RECIPIENT ETANT TOUS DEUX DANS UN ETAT D'IMPURETE MAJEURE. IL AVAIT L'HABITUDE D'ATTACHER LES BOUTONS DE MON VETEMENT PENDANT QUE J'ETAIS EN MENSTRUES PUIS ME CAJOLAIT". **(BOUKHARI).***

LES CONNAISSANCES MEDICALES DU 20EME SIECLE ONT DEMONTRE QUE LES REGLES NE SONT QU'UNE FAÇON PARTICULIERE DE RENOUVELER LE TISSU DE L'ENDOMETRE, QUI SE RECONSTITUE DE FAÇON DISCONTINUE A LA DIFFERENCE DU RENOUVELLEMENT CONTINU DE LA PEAU ET DES AUTRES MUQUEUSES. LE DECLENCHEMENT DES MENSTRUATIONS EST LIE A UNE MODIFICATION DE LA MUQUEUSE UTERINE, CONSEQUENCE D'UN CHANGEMENT HORMONAL EN FIN DE CYCLE. LE SAIGNEMENT DURE GENERALEMENT TROIS A CINQ JOURS, MAIS CETTE PERIODE PEUT ALLER JUSQU'A SEPT OU HUIT JOURS. DU FAIT DE CES CHANGEMENTS HORMONAUX, CERTAINES FEMMES PEUVENT PRESENTER DES PROBLEMES PLUS OU MOINS HANDICAPANTS :

- *CRAMPES, NAUSEES, MAUX DE TETE, FATIGUE,*
- *NERVOSITE CARACTERISANT LES REGLES TROP ABONDANTES...*

CES TROUBLES DES REGLES PEUVENT BIEN EVIDEMMENT HANDICAPER LA VIE SOCIALE ET LA VIE AMOUREUSE. POUR LES AUTRES, LA MAJORITE, IL N'Y A AUCUNE INTERDICTION MEDICALE A FAIRE L'AMOUR PENDANT LES REGLES. D'UN POINT DE VUE MEDICAL, LE SANG NE CONSTITUE PAS UNE CONTRE-INDICATION SAUF EN CAS DE MALADIES SEXUELLEMENT TRANSMISSIBLES (COMME LA SYPHILIS, LA GONORRHEE, L'HEPATITE VIRALE, ET LE SIDA).

DANS CE CAS, LE SANG PEUT FAVORISER LA TRANSMISSION DE L'INFECTION. IL EST AINSI TOUJOURS IMPORTANT DE SE PROTEGER. L'ECOULEMENT DE SANG N'EMPECHE NULLEMENT LA PENETRATION SEXUELLE. MAIS, CERTAINES FEMMES REFUSENT DE FAIRE L'AMOUR, PARCE QU'ELLES SE SENTENT SALES. AINSI SELON UNE ENQUETE REALISEE PAR LA ***"FIRME NANA"****, 80 % DES FEMMES EVITENT LES RELATIONS SEXUELLES, 75 % FUIENT LES SITUATIONS CALINES.*

D'AUTRE PART, LA MENSTRUATION AUGMENTE LA VIRULENCE DES GERMES DE LA SPHERE GENITALE FEMININE CAR LE VAGIN N'EST PAS ASSEZ ACIDE POUR TUER LES MICROBES COMME L'HERPES CATAMENIAL. PENDANT CETTE PERIODE, IL Y A UN BOULEVERSEMENT PHYSIOLOGIQUE ET PSYCHIQUE DE LA FEMME FAVORISANT DES TROUBLES NEUROVEGETATIFS QUI L'EMPECHENT D'AVOIR DES RELATIONS SEXUELLES. AUSSI, LES RAPPORTS SEXUELS PENDANT CETTE PERIODE PROVOQUENT DES CONTRACTIONS DE L'UTERUS FAVORISANT AINSI LA MIGRATION DES BACTERIES VERS L'INTERIEUR DE L'UTERUS.

LES RAPPORTS SEXUELS AYANT LIEU A DES PERIODES D'ECOULEMENTS SANGLANTS PEUVENT ETRE A L'ORIGINE DE STERILITE DANS LE COUPLE. EN EFFET, IL EXISTE UNE RUPTURE DES VAISSEAUX ET LE SANG DE LA FEMME SE TROUVE EN CONTACT AVEC UNE SUBSTANCE ETRANGERE : ***"LE SPERME DE SON MARI".*** *AINSI, DES ANTICORPS ANTI SPERMATOZOÏDES PEUVENT SE DEVELOPPER, INHIBANT TOUTE FECONDATION. LE PROFESSEUR KLOPFENSTEIN C, ANCIEN CHEF DE SERVICE DE LA MATERNITE DE VESOUL, NOUS EXPLIQUE QUE :*

- *DANS LES MECANISMES DE STERILITE PAR IMMUNISATION ANTI-SPERMATOZOÏDE DE LA GLAIRE CERVICALE, ON PEUT TRES BIEN CONCEVOIR LE MECANISME DE PASSAGE VASCULAIRE DU SPERME AU MOMENT DES REGLES, AMENANT UNE REACTION DE DEFENSE DE L'ORGANISME ET LA SECRETION D'ANTICORPS QUE L'ON RETROUVE D'UNE MANIERE SELECTIVE AU NIVEAU DU COL, MAIS AUSSI DANS TOUT L'ORGANISME (DOSAGE DES ANTICORPS ANTI SPERMATOZOÏDES DANS LE SANG).*

- *NOUS AVONS PROCEDE A UNE ENQUETE DANS 3 CAS DE STERILITE AVEC ANTICORPS ANTI SPERMATOZOÏDES ET DEUX FOIS SUR TROIS, LE COUPLE A DECLARE TRES FRANCHEMENT AVOIR UNE VIE SEXUELLE EN PERIODE DE REGLES. DANS LE TROISIEME CAS, IL S'AGISSAIT D'UNE MALADIE AUTO-IMMUNE OU NOUS AVONS RETROUVE DES RAPPORTS SEXUELS PEU FREQUENTS AU COURS DE LA MENSTRUATION.*

L'ETRE HUMAIN QUI A REÇU L'INTERDICTION DE DIEU N'A PLUS BESOIN QUE LA MEDECINE LUI PROUVE QUE L'AUTEUR DE CETTE PRATIQUE INTERDITE PAR DIEU SUBIT UN PREJUDICE. LE MUSULMAN DOIT ETRE CONVAINCU QUE DIEU LE TRES HAUT N'INSTITUE POUR LES HOMMES QUE CE QUI LEUR APPORTE DU BIEN, ET LES DECOUVERTES RECENTES NE FONT QUE CONSOLIDER SA CERTITUDE ET SA CONSCIENCE DE L'IMPORTANCE DE LA SAGESSE DE DIEU LE TRES HAUT.

LE SANG

DIEU A DIT :

- *"VOUS SONT INTERDITS LA BETE TROUVEE MORTE, LE SANG, LA CHAIR DE PORC, CE SUR QUOI ON A INVOQUE UN AUTRE NOM QUE CELUI DE DIEU, LA BETE ETOUFFEE, LA BETE ASSOMMEE OU MORTE D'UNE CHUTE OU MORTE D'UN COUP DE CORNE, ET CELLE QU'UNE BETE FEROCE A DEVOREE - SAUF CELLE QUE VOUS EGORGEZ AVANT QU'ELLE NE SOIT MORTE - (VOUS SONT INTERDITS AUSSI LA BETE) QU'ON A IMMOLEE SUR LES PIERRES DRESSEES, AINSI QUE DE PROCEDER AU PARTAGE PAR TIRAGE AU SORT AU MOYEN DE FLECHES". **(CORAN 5/3).***

- *"CERTES, IL VOUS EST INTERDIT LA CHAIR D'UNE BETE MORTE, LE SANG, LA VIANDE DE PORC ET CE SUR QUOI ON A INVOQUE UN AUTRE QUE DIEU". **(CORAN 2/173).***

DANS LES VERSETS CI-DESSUS, DIEU ATTIRE NOTRE ATTENTION SUR L'INTERDICTION DE LA CONSOMMATION DE LA CHAIR D'UNE BETE MORTE, LE SANG ET LA VIANDE DE PORC. MAIS LES HOMMES DE L'EPOQUE DU PROPHETE (SAS) N'AVAIENT PAS CONSCIENCE DE LA SAGESSE DE CE VERSET.

IL A FALLU ATTENDRE LE 20EME SIECLE POUR POUVOIR COMPRENDRE LA RAISON POUR LAQUELLE DIEU A INTERDIT LA CONSOMMATION DU SANG. LE SANG TRANSPORTE LES VITAMINES, LES HORMONES, L'OXYGENE ET LES SUBSTANCES ABSORBEES AU COURS DE LA DIGESTION TELLES QUE LES PROTEINES, LE SUCRE ET LA GRAISSE VERS LES CELLULES.

AUSSI, LE SANG TRANSPORTE LES DIVERSES TOXINES ET LES DECHETS A ELIMINER DU CORPS, COMME, PAR EXEMPLE L'UREE, L'ACIDE URIQUE, LA KERATINE ET LE DIOXYDE DE CARBONE.

EN CAS DE CONSOMMATION D'UNE QUANTITE IMPORTANTE DE SANG, LA QUANTITE DES TOXINES ET DES DECHETS A ELIMINER DANS LE CORPS AUGMENTE CONSIDERABLEMENT. LES REINS DOIVENT AINSI TRAITER DES QUANTITES ACCRUES D'UREE, D'ACIDE URIQUE ET D'AUTRES SUBSTANCES NOCIVES POUR L'ORGANISME.

CELA PEUT NUIRE AU FONCTIONNEMENT DU CERVEAU ET PROVOQUER UNE AUGMENTATION DE L'ANOMEISME RESPONSABLE D'UNE ENCEPHALOPATHIE HEPATIQUE QUI CONDUIT VERS LE COMA. LE SANG CONTIENT TOUJOURS DES ELEMENTS TOXIQUES ET DES DECHETS QUI PEUVENT SE PROPAGER DANS LE RESTE DU CORPS, MEME S'IL PROVIENT D'UN ANIMAL SAIN.

AU CONTRAIRE, S'IL PROVIENT D'UN ANIMAL MALADE, DES PARASITES ET DES GERMES Y TRANSITENT. LES GERMES PEUVENT ALORS SE MULTIPLIER ET SE PROPAGER DANS TOUT LE CORPS, CE QUI REPRESENTE UN REEL DANGER, PUISQU'ILS SONT CAPABLES DE CAUSER UNE INSUFFISANCE RENALE OU UN COMA HEPATIQUE. LA PLUPART DES MICROBES TRANSPORTES DANS LE SANG PEUVENT PROVOQUER DES MALADIES EN ENDOMMAGEANT LA PAROI DE L'ESTOMAC ET DES INTESTINS. LE SANG N'EST PAS UN ENVIRONNEMENT STERILE, DANS LA MESURE OU LES GERMES S'Y DEVELOPPENT DANS DES CONDITIONS IDEALES.

CHEZ UN INDIVIDU SAIN, LES MICROBES Y TROUVENT EN EFFET DE QUOI SE NOURRIR. CES MICRO-ORGANISMES VIVENT EN SE SERVANT LES UNS DES AUTRES AU SEIN DU CORPS. MAIS QUAND L'EQUILIBRE INTERNE EST ROMPU, CES MICRO-ORGANISMES PEUVENT DONNER LIEU A DES MALADIES S'ILS TROUVENT LE SUPPORT APPROPRIE.

PAR EXEMPLE, QUAND LE PH DU SANG EST DESEQUILIBRE EN RAISON D'UNE MALNUTRITION OU DE SUBSTANCES CHIMIQUES NOCIVES, DES MICROBES INOFFENSIFS PEUVENT DEVENIR NUISIBLES. CHEZ UN INDIVIDU SAIN, QUI A UN PH SANGUIN SE SITUANT AUTOUR DE 7,3 MEME UNE FAIBLE VARIATION DE CE TAUX PEUT OUVRIR LA PORTE A DES MICRO-ORGANISMES NUISIBLES CAPABLES DE S'ADAPTER A LEUR ENVIRONNEMENT.

LE SANG STERILE PEUT EN QUELQUE SORTE ETRE COMPARE A DU LAIT QUI TOURNE A TEMPERATURE AMBIANTE. LES MICROBES DEJA PRESENTS DANS LE SANG PEUVENT S'AVERER NOCIFS EN S'ADAPTANT A LEUR NOUVEAU CONTEXTE.

LES CHERCHEURS SCIENTIFIQUES S'ACCORDENT A DIRE QUE LE SANG N'EST PAS PRECONISE POUR LA CONSOMMATION HUMAINE, CAR IL CONTIENT UNE GRANDE QUANTITE D'HEMOGLOBINE, UNE PROTEINE COMPLEXE DIFFICILE A DIGERER DANS L'ESTOMAC. QUAND LE SANG SE COAGULE, LE FIBRINOGENE SE TRANSFORME EN FIBRINE, FORMANT AINSI UNE PLAQUE CONTENANT DES GLOBULES ROUGES. LA FIBRINE EST L'UNE DES PROTEINES LES PLUS DIFFICILES A DIGERER.

AINSI LE NIVEAU DE PROTEINES DIGERABLES DANS LE SANG, TELLES QUE L'ALBUMINE, LA GLOBULINE ET LE FIBRINOGENE EST FAIBLE, ENVIRON 8 G/100ML. DE MEME POUR LES GRAISSES. LES HOMMES DE L'EPOQUE N'AVAIENT PAS CONSCIENCE DE LA SAGESSE DE CE VERSET. MAIS ILS ETAIENT PROTEGES PAR LEUR OBEISSANCE A DIEU. CEUX QUI S'EN REMETTENT A DIEU ET SE SOUMETTENT A SES COMMANDEMENTS VIVRONT SOUS LA PROTECTION DE DIEU ET DE SA COMPASSION INFINIE, TOUT EN AYANT LA PROMESSE D'UNE VIE AGREABLE DANS L'AU-DELA.

LA MISE EN QUARANTAINE

LE PROPHETE MOHAMMED (SAS) A DIT:

- *"SI VOUS APPRENEZ L'EXISTENCE DE LA PESTE EN UN LIEU, N'Y ENTREZ POINT! ET SI LA PESTE FRAPPE UN LIEU OU VOUS VOUS TROUVEZ, N'EN SORTEZ POINT!".* ***(MOUSLIM).***

- *"CELUI QUI FUIT LA PESTE EST TOUT COMME UN DESERTEUR. ET QUICONQUE PATIENTE DANS LA PESTE AURA LA RECOMPENSE D'UN MARTYR".* ***(AHMAD).***

- *"SI VOUS APPRENEZ QU'UN PAYS EST ATTEINT (PAR LA PESTE) N'Y ALLEZ PAS. ET SI ELLE FRAPPE UN PAYS QUE VOUS HABITEZ, NE LE QUITTEZ PAS POUR LA FUIR".* ***(MOUSLIM).***

- *"FUYEZ LE LEPREUX COMME VOUS FUYEZ LE LION".* ***(BOKHARI).***

LE BUT DE CETTE REGLE EST DE STOPPER LA PROPAGATION DES EPIDEMIES DANS LES VILLES ET LES LIEUX DE REGROUPEMENTS. CETTE VERITE, QUALIFIEE DE NOS JOURS, DE SCIENTIFIQUE, EST DEVENUE L'UN DES PRINCIPES DE BASE DE LA MEDECINE PREVENTIVE MODERNE APRES LA DECOUVERTE DES FACTEURS PATHOLOGIQUES DES MALADIES ET DES EPIDEMIES.

BIEN AVANT L'EPOQUE DU PROPHETE MUHAMMAD (SAS), LES GENS PENSAIENT QUE LES MALADIES ETAIENT CAUSEES PAR LES ESPRITS MALEFIQUES, LES DIABLES ET LES ETOILES. ILS NE VOYAIENT AUCUN LIEN ENTRE CES MALADIES ET L'EXISTENCE DES MICROBES.

PARMI LES MALADIES QUI ONT FRAPPE L'EUROPE AU QUINZIEME SIECLE, IL Y AVAIT LA PESTE. CETTE MALADIE A PROVOQUE LA MORT DU QUART DE SES HABITANTS. EN REVANCHE, LE MONDE ISLAMIQUE, A CETTE MEME EPOQUE, A REUSSI A STOPPER L'EPIDEMIE ET TOUTES LES AUTRES MALADIES TRANSMISSIBLES QUI SEVISSAIENT A CETTE EPOQUE EN EUROPE.

LA PESTE EST UNE MALADIE MORTELLE POUR L'HOMME. ELLE EST CAUSEE PAR LE BACILLE YERSINIA PESTIS, VEHICULEE PAR UN RAT, QUI LA TRANSMET A L'HOMME PAR L'INTERMEDIAIRE DE PUCES INFECTEES. LES POPULATIONS DU MOYEN ÂGE ETAIENT TOTALEMENT DEMUNIES FACE A LA PESTE.

LE TRAITEMENT S'EST LIMITE A LA PRIERE, LES SECRETIONS ANIMALES (SANG DE VIPERE ET BAVE DE CRAPAUD), LA SAIGNEE, ET DE MULTIPLES PLANTES. MAIS APRES L'EVOLUTION DES RECHERCHES BIOLOGIQUES, ON A PU DECOUVRIR LA REALITE DES ORGANISMES MICROSCOPIQUES, LEURS MODES DE REPRODUCTION, ET COMMENT ILS CAUSENT LES MALADIES ET LES EPIDEMIES.

AUSSI ON A PU DECOUVRIR QUE LES PORTEURS SAINS, QUI SONT PORTEURS DES MICROBES PATHOGENES, N'ONT AUCUN SYMPTOME DE LA MALADIE ET VIVENT DANS LA MEME ZONE INFESTEE. EN CONSEQUENCE, ILS RISQUENT DE CONTAMINER TOUTE LA POPULATION DE LA ZONE VERS LAQUELLE ILS SE DEPLACERAIENT.

SUITE A LA DECOUVERTE DE CES REALITES, LES CHERCHEURS ONT MIS EN PLACE, UN SYSTEME NOTOIRE DE LA MISE EN QUARANTAINE, EN VERTU DUQUEL TOUS LES HABITANTS D'UNE ZONE TOUCHEE PAR UNE EPIDEMIE ONT L'INTERDICTION DE QUITTER CETTE ZONE, AUTANT QUE TOUS CEUX QUI SONT EN DEHORS DE CETTE ZONE SONT INTERDITS D'Y ENTRER.

LA QUARANTAINE EST UNE DES MESURES DE LA MEDECINE PREVENTIVE QUE L'HUMANITE N'A DECOUVERT QUE DURANT LE SIECLE PASSE. MAIS CE QUI EST ETONNANT, C'EST QUE LE PROPHETE (SAS), L'AVAIT INSTAUREE IL Y A 1400 ANS, AVEC UNE DESCRIPTION PRECISE : "SI VOUS APPRENEZ QU'UN PAYS EST ATTEINT (PAR LA PESTE) N'Y ALLEZ PAS. ET SI ELLE FRAPPE UN PAYS QUE VOUS HABITEZ, NE LE QUITTEZ PAS POUR LA FUIR". ***(MOUSLIM).***

LE PROPHETE MUHAMMAD (SAS) A CONSTRUIT UNE MURAILLE AUTOUR DES ZONES INFESTEES. ET IL MIT EN GARDE CEUX QUI S'AVISAIENT DE FUIR LES ZONES INFESTEES. LES MUSULMANS ETAIENT LES SEULS QUI NE FUYAIENT PAS LES ZONES ATTEINTES PAR LES EPIDEMIES, JUSQU'A CE QUE LA MEDECINE MODERNE DECOUVRE QUE MEME LES PORTEURS SAINS DES ZONES TOUCHEES PAR LA PESTE SONT PORTEURS DES MICROBES PATHOGENES DE L'EPIDEMIE.

CES PORTEURS SAINS CONSTITUENT UN RISQUE REEL DE TRANSMISSION DE LA MALADIE, A TOUT LIEU SAIN OU ILS SE RENDRAIENT. ET PUISQUE CES PORTEURS SAINS SE DEPLACENT AISEMENT ET SE MELENT A D'AUTRES, ALORS ILS LES CONTAMINENT TRES FACILEMENT. EN SOMME, LES PORTEURS SAINS SONT ENCORE PIRES QUE LES MALADES EN FACE DESQUELS LES GENS SONT TOUT DE SUITE CONSCIENTS DE LA NECESSITE DE PRENDRE LES PRECAUTIONS QUI S'IMPOSENT.

ALORS LA QUESTION QUI SE POSE : QUI A PU DONNER TOUTES CES INFORMATIONS PRECIEUSES AU PROPHETE (SAS) ? IL EST TRES LOGIQUE QUE CES INFORMATIONS LUI SOIENT REVELEES PAR DIEU LE GRAND CONNAISSEUR DE SES CREATURES. EN 1720, L'EPIDEMIE DE LA PESTE S'EST PROPAGEE A MARSEILLE. POUR ARRETER SA DIFFUSION, LE PAPE A FAIT ETABLIR DES BARRIERES SANITAIRES SUR SES FRONTIERES ET CONSTRUIRE UNE MURAILLE EN PIERRE. EN 1723, LORSQUE LE DANGER DE CONTAGION EST ECARTE, LE MUR EST ABANDONNE. CETTE PESTE DE MARSEILLE FUT LA DERNIERE D'UNE SINISTRE SERIE QUI VA DU XIVEME (LA PESTE NOIRE) AU XVIIIEME SIECLE.

LE POUVOIR DE L'EAU

LE PROPHETE MOHAMMED (SAS) A DIT:

- *"LA FIEVRE EST UNE BOUFFEE DE CHALEUR DE L'ENFER, FAITES-LA DISPARAITRE AVEC DE L'EAU".* ***(MOUSLIM).***
- *"SI LA FIEVRE S'EMPARE DE L'UN PARMI VOUS, QU'IL SE LAVE CONTINUELLEMENT AVEC DE L'EAU, (DANS UNE AUTRE VERSION: QU'IL SE LAVE DE TEMPS EN TEMPS) PENDANT TROIS JOURS".* ***(ANAS BIN MALEK).***

LA FIEVRE EST L'ELEVATION DE LA TEMPERATURE CORPORELLE PAR DEREGLEMENT DU THERMOSTAT CENTRAL. IL S'AGIT D'UNE REACTION DE DEFENSE CONTRE UNE AGRESSION INTERNE (INFECTION) APPELEE A ACTIVER CERTAINS MECANISMES IMMUNITAIRES ET INFLAMMATOIRES. CHEZ L'HUMAIN, LA TEMPERATURE CORPORELLE NORMALE BUCCALE MOYENNE VARIE ENTRE 36,5 °C ET 37,5 °C SELON LES INDIVIDUS. UNE FIEVRE AU-DELA DE 40 °C EST CONSIDEREE COMME UN RISQUE DE SANTE MAJEUR ET IMMEDIAT.

LA TEMPERATURE CORPORELLE SE MESURE A L'AIDE D'UN THERMOMETRE MEDICAL, QUI EST PLACE SOIT DANS LA BOUCHE SOIT DANS LE RECTUM SOIT SOUS LE BRAS. PRESQUE TOUTES LES PATHOLOGIES PEUVENT DONNER DE LA FIEVRE, AUSSI BIEN BENIGNES QUE MALIGNES.QUAND LA TEMPERATURE ATTEINT 40°C, CECI REPRESENTE UN DANGER POUR L'ORGANISME ET NOTAMMENT POUR LE CERVEAU.

LE RAFRAICHISSEMENT AVEC DE L'EAU EST UTILE POUR SOIGNER TOUTE FIEVRE INFECTIEUSE. CETTE RECOMMANDATION EST SANS DOUTE UN DES MIRACLES DU PROPHETE (SAS). NOUS VOICI AU 20EME SIECLE, LE 1ER CONSEIL DU MEDECIN EST D'APPLIQUER DES COMPRESSES D'EAU FROIDE ET DES GLAÇONS SUR LA TETE DU SUJET FEBRILE ! LE PROPHETE (SAS) LORS DE SES MOMENTS D'AGONIE, ETAIT ATTEINT DE FIEVRE, ET IL SE RAFRAICHISSAIT AVEC DE L'EAU.

LE TRAITEMENT AVEC LES COMPRESSES MOUILLEES A L'EAU ET L'HYDRATATION EST FORTEMENT CONSEILLE POUR ELIMINER LES SYMPTOMES DE LA FIEVRE. CHEZ LE JEUNE ENFANT, CETTE FIEVRE PEUT ENTRAINER DES CONVULSIONS ; IL FAUT DONC ABAISSER LENTEMENT LA TEMPERATURE DE L'ENSEMBLE DU CORPS. IL EST CONSEILLE DE DONNER SYSTEMATIQUEMENT DES BAINS D'EAU DONT LA TEMPERATURE EST DE 2°C EN DESSOUS DE LA TEMPERATURE DU JEUNE ENFANT, EN AJOUTANT DES ANTIPYRETIQUES.

CEPENDANT, L'ORIGINE DES ANTIPYRETIQUES (ASPIRINE) REMONTE SEULEMENT AU 19EME SIECLE ; L'UTILISATION DE L'EAU FROIDE ETAIT TOUJOURS LE PREMIER TRAITEMENT, ET COMME LE PROPHETE (SAS) NOUS A GUIDE VERS CE TRAITEMENT IMPORTANT, C'EST LA QUE RESIDE LE MIRACLE, CAR LE FAIT

D'ABAISSER LA FIEVRE AVEC DE L'EAU EST TOUJOURS CONSIDERE COMME LE TRAITEMENT OCCASIONNEL LE MIEUX ADAPTE QUI S'AJOUTE AUX ANTIPYRETIQUES. AINSI, POUR FAIRE BAISSER LA FIEVRE, IL EST ESSENTIEL DE RECOURIR A DES MOYENS TELS QUE :

1. ***LES COMPRESSES, LES SERVIETTES ET LES LINGES MOUILLES D'EAU FROIDE** : IL FAUT ENVELOPPER CERTAINES PARTIES DU CORPS COMME LE FRONT, LA TETE, LES MEMBRES, OU LE CORPS TOUT ENTIER. CE MOYEN EST UTILISE POUR SOULAGER LES SUJETS FEBRILES ATTEINTS D'UN COUP DE SOLEIL, DE LA FIEVRE TYPHOÏDE ET AUTRES, EN CAS D'UNE HYPERTHERMIE IMPORTANTE ACCOMPAGNEE DES DELIRES. MAIS L'ENVELOPPEMENT TOTAL DU CORPS EST CONTRE-INDIQUE CHEZ LES PATIENTS PRESENTANT DES AFFECTIONS CARDIO-VASCULAIRES OU RENALES OU L'ON SE CONTENTE, DANS CE CAS, A UTILISER DES COMPRESSES FROIDES LOCALES POUR ABAISSER UNE FORTE FIEVRE.*

2. ***LE BAIN A L'EAU TIEDE EN CAS DE FIEVRE BAISSE LA TEMPERATURE**, AIDE A PRODUIRE L'URINE, ET ACTIVE LE CORPS.*

*LE PROPHETE (SAS) A DIT A UN HOMME QUI A INSULTAIT LA FIEVRE EN SA PRESENCE : "N'INSULTE PAS LA FIEVRE, CAR ELLE EFFACE LES PECHES COMME LE SOUFFLET DE FORGE PURIFIE LE FER DE SES SCORIES". **(MOUSLIM.)***

LES MEDECINS AFFIRMENT QUE LA FIEVRE POURRAIT AVOIR DES EFFETS BENEFIQUES SUR LE CORPS ET LE CŒUR PLUS QUE CERTAINS MEDICAMENTS. EN UNE JOURNEE, ELLE AIDERAIT A DECOMPOSER DES SUBSTANCES NUISIBLES DU CORPS, ET A OUVRIR LES PORES POUR EVACUER TOUTES LES IMPURETES.

C'EST LA QUE RESIDE LE MIRACLE DU HADITH DU PROPHETE (SAS). CECI EST CONNU POUR LES CARDIOLOGUES, ALORS, LE FAIT D'INSULTER LA FIEVRE EST TOUT A FAIT INJUSTE... DANS LE PASSE, LA FIEVRE A PU ETRE PROVOQUEE DANS UN BUT DE GUERISON.

C'EST CE QUE L'ON A APPELE AUSSI LA PHYTOTHERAPIE. LA FIEVRE ETAIT CONSIDEREE JUSQU'AU DEBUT DU 20EME SIECLE COMME UN TRAITEMENT POUR LA SYPHILIS, LA PARALYSIE FACIALE. C'EST LE DR KONTESCHWELLER TITUS QUI FORGEA LE MOT PYRETOTHERAPIE EN 1918.

CETTE APPROCHE OBTINT UNE CERTAINE RECONNAISSANCE AVEC LA MISE AU POINT PAR JULIUS WAGNER JAUREGG DE LA MALARIA THERAPIE POUR LA GUERISON DE LA SYPHILIS (CELA LUI VALUT LE PRIX NOBEL EN 1927).

DANS LES DERNIERES ANNEES, LA PHYTOTHERAPIE A ETE UTILISEE NOTAMMENT DANS LE DOMAINE DE LA LUTTE ANTICANCEREUSE. AUSSI IL EST VRAIMENT ETONNANT QUE LE TRAITEMENT PAR LA FIEVRE SOIT ADOPTE POUR SOIGNER LE SIDA, CETTE NOUVELLE A ETE DIFFUSEE PAR LES CHAINES DE TELEVISION AMERICAINES EN 1990.

EN FAIT, LA FIEVRE AUGMENTE LA VITESSE DU METABOLISME CELLULAIRE, LES REACTIONS DE DEFENSE ET LES LEUCOCYTES S'EN TROUVENT AINSI ACCELEREES, ET CECI FAVORISE LE SYSTEME IMMUNITAIRE A ENTRER EN COMBAT AVEC LES SUBSTANCES ETRANGERES DANS L'ORGANISME.

LA SOLIDARITE

LE PROPHETE MOHAMMED (SAS) A DIT:

- *"TU VOIS CONSTAMMENT LES CROYANTS DANS LEUR COMPASSION, LEUR AMOUR ET LEUR BIENVEILLANCE, TEL UN SEUL CORPS, QUI, DES QUE L'UN DE SES ORGANES SE PLAINT, LES AUTRES ORGANES SE MOBILISENT ET ACCOURENT POUR L'ASSISTER DANS LA VEILLE ET LA FIEVRE".* ***(BOKHARI).***

LE PROPHETE (SAS) FAIT ALLUSION DANS CE HADITH COMMENT DEVRAIT ETRE L'ETAT DE LA NATION ISLAMIQUE EN MATIERE D'AMOUR ET DE BIENVEILLANCE. ALORS IL A DONNE L'EXEMPLE D'UN CORPS, QUI DES QUE L'UN DE SES ORGANES EST TOUCHE PAR UNE MALADIE OU UNE BLESSURE, LES AUTRES ORGANES DE CE MEME CORPS SE MOBILISENT POUR VOLER A SON SECOURS.

*POUR CELA, LE PROPHETE (SAS) A UTILISE LE MOT ARABE (**TADAA**) QUI REPRESENTE LE TERME LE PLUS PRECIS POUR DECRIRE CE QUI ARRIVE DANS LE CORPS DES QU'UN ORGANE EST TOUCHE. LE PROPHETE (SAS) A DONNE LES DETAILS PHYSIOPATHOLOGIQUES DE CE QUI SE PASSE DANS LE CORPS HUMAIN, ET CECI DANS UNE EPOQUE OU L'HOMME NE DISPOSAIT PAS ENCORE DES MOYENS TECHNOLOGIQUES D'OBSERVATION MEDICALE.*

LES MEDECINS DU 20EME SIECLE AFFIRMENT QUE DES QU'UN ORGANE DU CORPS HUMAIN EST TOUCHE PAR UNE MALADIE OU UNE BLESSURE, LES AUTRES PARTIES DU CORPS S'APPELLENT LES UNES LES AUTRES AU SENS PROPRE DU TERME ET SE MOBILISENT POUR VOLER A SON SECOURS. AINSI, QUAND UN ORGANE EST TOUCHE, DES CENTRES DU CERVEAU APPELLENT LES GLANDES PITUITAIRES A SECRETER DES HORMONES QUI ALERTERONT LES AUTRES GLANDES ENDOCRINES ET LES AMENERONT A SECRETER DES MATIERES QUI MOBILISERONT ET APPELLERONT TOUS LES ORGANES DU CORPS, AFIN QU'ILS METTENT LEURS FONCTIONS A PROFIT POUR SECOURIR L'ORGANE QUI SE PLAINT.

*LE MOT ARABE **(TADAA)** VEUT DIRE QUE LE TOUT CORPS MOBILISE SON ENERGIE POUR VOLER AU SECOURS DE L'ORGANE TOUCHE. AINSI, LE CŒUR AUGMENTE SA FREQUENCE CARDIAQUE POUR ACCELERER LA CIRCULATION SANGUINE ALORS QUE LES VAISSEAUX SANGUINS SE CONTRACTENT ET SE DECONTRACTENT DANS LES PARTIES ENTOURANT L'ORGANE TOUCHE AFIN DE RAVITAILLER CE DERNIER EN ENERGIE, EN OXYGENE, EN ANTICORPS, EN HORMONES, ET EN AMINOACIDES CONSTRUCTIFS.*

IL FAUT NOTER AUSSI QUE LE MOT ARABE (TADAA) IMPLIQUE QUE LE CORPS SE DECOMPOSE EN FOURNISSANT UNE PARTIE DE SON STOCK DE GRAISSE A L'ORGANE TOUCHE JUSQU'A CE QUE LA MALADIE QUI TOUCHE CE DERNIER SOIT SOUS CONTROLE ET QUE LES TISSUS SE RESSOUDENT. APRES QUOI LE CORPS SE RECONSTITUE.

UNE BLESSURE AU NIVEAU DU CORPS PROVOQUE L'APPARITION DES SIGNES CLINIQUES QUI LANCENT UNE ALERTE GENERALE. AINSI DES LA PREMIERE GOUTTE DE SANG, IL Y AURA UNE EMISSION DES MATIERES CHIMIQUES, ET TOUS LES ORGANES DU CORPS REAGIRONT A CET APPEL.

LE RESULTAT AINSI OBTENU, EST QUE TOUTE L'ENERGIE DU CORPS HUMAIN ET LES FONCTIONS DE SES ORGANES SOIENT MISES AU SERVICE DE L'ORGANE TOUCHE. UN AUTRE EXEMPLE : LE STRESS CHRONIQUE QUI DURE PLUSIEURS JOURS VOIRE DES SEMAINES.

DANS CE CAS, L'AXE DU STRESS (HYPOTHALAMO-HYPOPHYSO-SURRENALIEN) DEVIENT ACTIF. LE CORTEX SURRENAL AUGMENTE LA CONCENTRATION DE CORTISOL SANGUIN, ET ENTRAINE UNE ELEVATION DE LA GLYCEMIE ET LA PRESSION ARTERIELLE.

AINSI, L'ETUDIANT QUI PREPARE UN EXAMEN PENDANT PLUSIEURS SEMAINES, SE TROUVE EN ETAT DE STRESS TOUS LES JOURS, DANS CE CAS IL ENTRERA DANS UNE PHASE DE RESISTANCE. SON CORPS N'ARRIVERA PLUS A STOPPER LE STRESS, CECI AURA ALORS DES CONSEQUENCES NEGATIVES SUR PLUSIEURS ORGANES COMME L'APPAREIL DIGESTIF, LES POUMONS, LE CŒUR, L'INTESTIN GRELE, LE FOIE, LES MUSCLES, LES VAISSEAUX SANGUINS ET LES REINS.

SI LE STRESS CONTINUE ENCORE PENDANT DES SEMAINES, LE RETROCONTROLE NE SE FERA PLUS, ALORS DE NOMBREUX TROUBLES APPARAITRONT ET SE MANIFESTENT PAR : AGITATION, NERVOSITE, TROUBLE DE CONCENTRATION, FATIGUE, ANXIETE, ANGOISSE, INSOMNIE, ETC. TOUS CES TROUBLES PEUVENT CONDUIRE A LA DEPRESSION NERVEUSE.

SOURCES LE CHEMIN DE LA FOI

LE BONHEUR

- *DR SHERIF ADNAN - LA PSYCHOLOGIE ET LE CORAN*
- *WWW.ASTROSURF.COM/LUXERIONS/BIO-FONCTIONNEMENT-CELLULES4.HTM*
- *WWW.ALRASSGE.GOV.SA/VB/SHOWTHREAD.PHP?T=3548*
- *HTTP://EN.WIKIPEDIA.ORG/WIKI/JOB_(BIBLE)#IN ISLAM*
- *WWW.SEARCHTRUTH.COM*
- *HTTP://WWW.DW-WORLD.DE/DW/ARTICLE/0,,4573915,00.HTM*
- *WWW.SUNNAHONLINE.COM/ILM/SUNNA/0020.HTM*
- *PAUL GLEES, THE HUMAN BRAIN, CAMBRIDGE UNIVERSITY PRESS, 1988.*
- *DAVID J. AIDLEY, THE PHYSIOLOGY OF EXCITABLE CELLS, CAMBRIDGE UNIVERSITY PRESS, 1988.*
- *WWW.WHO.IN/MENTAL_HEALTH/EN*
- *WWW.BEFRIENDERS.ORG/INFO/STATISTICS.PHP*

LA PROPRETE

- *HAND WASHING: A SIMPLE WAY TO PREVENT INFECTION, HTTP://WWW.CNN.COM/*
- *HAND WASHING 'COULD HELP CURB FLU PANDEMIC', WWW.DAILYMAIL.CO.UK, 28 NOVEMBER 2007.*
- *NEW RESEARCH SHEDS LIGHT ON MEMORY BY ERASING IT, SCIENCEDAILY.COM, MAY 10, 2007.*
- *CELL PHONES CAUSING SKIN INFECTIONS, WWW.SWITCHED.COM, JUL 16 2007.*
- *GENETICALLY MODIFIED SKIN CELLS FIGHT INFECTION, WWW.LIVESCIENCE.COM, 09 JANUARY 2007.*
- *SKIN CELLS 'FIGHT CHILD CANCER', WWW.BBC.CO.UK, 7 JULY 2007.*

LA PRIERE

- *RESULTS OF THE FIRST MULTICENTER TRIAL OF INTERCESSORY PRAYER,*
- *HEALING TOUCH IN HEART PATIENTS." DUKE UNIVERSITY. JULY 14. 2005.*
- *HTTP://ANNALS.HIGHWIRE.ORG/CGI/REPRINT/132/11/903.PDF*
- *GAUDIA, GIL. "ABOUT INTERCESSORY PRAYER: THE SCIENTIFIC STUDY OF MIRACLES." MEDSCAPE. MARCH 20, 2007.*
- *HOW CELLS WORK, WWW.HOWSTUFFWORKS.COM*
- *HOW DNA EVIDENCE WORKS, WWW.HOWSTUFFWORKS.COM*
- *JOSEPH TAKHASHI, MOLECULAR AND GENETIC ANALYSIS OF THE MAMMALIAN*
- *CIRCADIAN CLOCK SYSTEM. IN THE LAB APRIL 19, 2002*
- *WHAT IS THE FUNCTION OF THE VARIOUS BRAINWAVES?, WWW.SCIAM.COM, DECEMBER 22, 1997.*
- *WILLIAM -TEXTBOOK OF ENDOCRINOLOGY. 1985-7TH EDITION SUNDERS VAN ESSEVELDT KE, LEHMAN MN, BOER GJ.THE SUPRACHIASMATIC NUCLEUS AND THE CIRCADIAN TIME-KEEPING SYSTEM REVISITED. BRAIN RES BRAIN RESREV.2000AUG;33(1):3477.*
- *RICKI LEWIS- A SURVEY OF CLOCK GENES- THE SCIENTIST, VOL: 9, #24, PG.14, DECEMBER 11/1995.*
- *PRAYER DOES NOT HEAL THE SICK, STUDY FINDS, - HTTP://WWW.TIMESONLINE.CO.UK/TOL/NEWS/WORLD/US_AND_AMERICAS/ARTICLE1072638. -*
- *KARIMA BURNS, MH, ND- STUDIES SHOW FAJR PRAYER IS HEALTHY*
- *LOUIS J. PTACEK, M.D ( ). FIRST HUMAN CIRCADIAN RHYTHM GENE IDENTIFIED- JOURNAL SCIENCE JANUARY 12, 2001.*
- *ARTHUR BALASKAS-JOHN STIRK SOFT EXERCISE*
- *ASTIN, JOHN A. PH.D., ET AL. "THE EFFICACY OF 'DISTANT HEALING': A SYSTEMATIC REVIEW OF RANDOMIZED TRIALS." ANNALS OF INTERNAL MEDICINE. JUNE 6, 2000.*
- *ARTHER C.GUYTON-TEXTBOOK OF MEDICAL PHYSIOLOGY-7TH EDITION SANDERS*
- *AREAS OF THE BRAIN ACTIVATED DURING MEDITATION, WASHINGTON POST, JUNE 17, 2001.*

- *BRAIN IMAGING STUDY OF TM, RADIOLOGY TODAY, AUGUST 4, 200*
- *BRAIN SCANS REVEAL WHY MEDITATION WORKS, WWW.LIVESCIENCE.COM, 29 JUNE 2007.*
- *CAN PRAYER HEAL PEOPLE?, HTTP://HEALTH.HOWSTUFFWORKS.COM/PRAYER-HEALING.HTM*
- *CAN BRAIN SCANS SEE DEPRESSION? THE NEW YORK TIMES COMPANY, OCTOBER 18, 2005.*
- *DUSEK, JEFFREY A. PH.D. "STUDY OF THE THERAPEUTIC EFFECTS OF INTERCESSORY PRAYER (STEP) STUDY DESIGN AND RESEARCH METHODS."*
- *MARTIN MOORE-EDE, M.D., PH.D. CIRCADIAN RHYTHMS AND YOUR BIOLOGICAL CLOCK. 12/2002.*
- *MICHAEL ROSBASH, PH.D.INVESTIGATOR, BRANDE IS UNIVERSITY MOLECULAR GENETICS OF RNA PROCESSING AND BEHAVIOR. IN THE LAB SEPTEMBER 24, 2002.*
- *MICHAEL W. YOUNG, (ROCKEFELLER UNIVERSITY IN NEW YORK, AND DIRECTOR OF THE NSF SCIENCE AND TECHNOLOGY CENTER FOR BIOLOGICAL TIMING AT ROCKEFELLER): "LIGHTMEDITATION FOUND TO INCREASE BRAIN SIZE, WWW.PHYSORG.COM, JANUARY 27, 2006.*
- *MARK CALDWELL THE CLOCK IN THE CELL. (BIOLOGISTS BELIEVE THEY HAVE FOUND THE MECHANISM THAT REGULATES A CELL'S CYCLICAL RESPONSES)(BRIEF ARTICLE) IN THE LAB ISSUE: OCT 1998.*
- *MOORE RY.CIRCADIAN RHYTHMS: BASIC NEUROBIOLOGY AND CLINICAL APPLICATIONS.ANNU REV MED. 1997;48:253-66.- NED HERRMANN, THE CREATIVE BRAIN.*
- *WWW.ADNANTARSHA.COM*
- *WWW.MEDSCAPE.COM/VIEWARTICLE/552742_1*
- *HEALTH.HOWSTUFFWORKS.COM/PRAYER-HEALING.HTM*
- *ANNALS.HIGHWIRE.ORG/CGI/REPRINT/132/11/903.PDF*
- *WWW.MJAIN.NET/SPIRITUALITY/STEPPDF.PDF*
- *WWW.WASHINGTONPOST.COM/WPDYN/CONTENT/ARTICLE/2006/03/23/AR2006032302177.HTML*

LA FOI

- *DR SHERIF ADNAN - LA PSYCHOLOGIE ET LE CORAN*
- *WWW.ASTROSURF.COM/LUXERIONS/BIO-FONCTIONNEMENT-CELLULES4.HTM*
- *WWW.ALRASSGE.GOV.SA/VB/SHOWTHREAD.PHP?T=3548*
- *HTTP://EN.WIKIPEDIA.ORG/WIKI/JOB_(BIBLE)#IN ISLAM*
- *WWW.SEARCHTRUTH.COM*
- *HTTP://WWW.DW-WORLD.DE/DW/ARTICLE/0,,4573915,00.HTM*
- *WWW.SUNNAHONLINE.COM/ILM/SUNNA/0020.HTM*
- *PAUL GLEES, THE HUMAN BRAIN, CAMBRIDGE UNIVERSITY PRESS, 1988.*
- *DAVID J. AIDLEY, THE PHYSIOLOGY OF EXCITABLE CELLS, CAMBRIDGE UNIVERSITY PRESS, 1988.*
- *WWW.WHO.IN/MENTAL_HEALTH/EN*
- *WWW.BEFRIENDERS.ORG/INFO/STATISTICS.PHP*

LE SUICIDE

- *CONFERENCE INTERNATIONALE DU MIRACLE SCIENTIFIQUE DU CORAN 2004-DUBAI*
- *ANDERSON RN, SMITH BL. DEATHS: LEADING CAUSES FOR 2001. NATIONAL VITAL STATISTICS REPORT 2003.*
- *HTTP://SUICIDE.COM/INDEX.HTML*
- *WWW.SUICIDOLOGY.ORG/DISPLAYCOMMON.CFM?AN=1&SUBARTICLENBR=21-44*
- *WWW.SUICIDOLOGY.ORG/ASSOCIATIONS/1045/FILES/2002DATAPGV2.PD*
- *WWW.ACE-NETWORK.COM/SUICMYTHS.HTM*
- *WWW.CDC.GOV/NCIPC/FACTSHEETS/SUICIDE-OVERVIEW.HTM*
- *WWW.WHO.IN/MENTAL_HEALTH/EN*

LE PARDON

- *FORGIVINGNESS AND SATISFACTION WITH LIFE JOURNAL OF HAPPINESS STUDIES, SEP 2003.*
- *LA PUISSANCE DE VOTRE SUBCONSCIENT » JOSEF MURPHY : HTTP://JOSEPHMURPHY.WWWHUBS.COM/ EDITION DAR JARIR COMMENT DEVENIR LA PERSONNE DONT VOUS REVEZ - LIVRE DE STEVE CHANDLER SIDNEY B. SIMON, FORGIVENESS. 1990.*
- *ANGER MANAGEMENT TIPS, WWW.MAYO CLINIC.COM*
- *ROBERT D. ENRIGHT, FORGIVENESS IS A CHOICE, 2001.*
- *LEWIS B. SMEDES, FORGIVE AND FORGET: HEALING THE HURTS WE DON'T DESERVE.*
- *SMEDES, ART OF FORGIVING, 1997*
- *DAVID J. AIDLEY, THE PHYSIOLOGY OF EXCITABLE CELLS , CAMBRIDGE UNIVERSITY PRESS, 1988.*
- *ANGER MANAGEMENT TIPS, WWW.MAYO CLINIC .COM*
- *HTTP://EN.WIKIPEDIA.ORG/WIKI/JOB_(BIBLE)#IN_ISLAM*
- *BIOPSYCHIATRY.COM/HAPPINESS/HAPPYCOUNTRY.HTML*
- *WWW.MEDICALNEWSTODAY.COM/ARTICLES/101812.PHP*
- *WWW.DW-WORLD.DE/DW/ARTICLE/0,,4573915,00.HTM*
- *WWW.BEFRIENDERS.ORG/INFO/STATISTICS.PHP*
- *WWW.SUNNAHONLINE.COM/ILM/SUNNAH/0020.HTM*
- *WWW.WHO.IN/MENTAL_HEALTH/EN*

LA FORNICATION

- *AIDS PREVENTION AND TREATMENT: PSYCHOLOGY'S ROLE IN THE HEALTH CRISIS, WWW.SCIENCEDIRECT.COM*

- *AIDS, HTTP://EN.WIKIPEDIA.ORG/WIKI/AIDS*

- *WEISS RA (MAY 1993). "HOW DOES HIV CAUSE AIDS?". SCIENCE (JOURNAL) 260 (5112): 1273–9*

- *HTTP://WWW.AIDS.GOV*

- *SAN FRANCISCO AIDS FOUNDATION (2006-04-14). "HOW HIV IS SPREAD". RETRIEVED ON 2006-05-23.*

- *WWW.AIDSONLINE.COM*

- *HTTP://WWW.AIDSINFO.NIH.GOV/CONTENTFILES/PEDIATRICGUIDELINES_PDA.PD*

- *FHTTP://WWW.CDC.GOV/MMWR/PREVIEW/MMWRHTM L/00023587.HTM*

- *HTTP://NEWS.BBC.CO.UK/HI/ARABIC/IN_DEPTH/2003/AIDS/DEFAULT.STM*

- *HTTP://WWW.UNAIDS.ORG/BANGKOK2004/DOCS/EPIFACTS_2004_EN.DOC*

- *HTTP://UCATLAS.UCSC.EDU/HEALTH/AIDS/AIDS_KIDS.PHP*

- *HTTP://WWW.WEBMD.COM/NEWS/20071016/MORE-US-DEATHS-FROM-MRSA-THAN-AIDS*

- *HTTP://WWW.MRSA.BEST-HEALTH-GUIDE.INFO/STAPH-INFECTION-PICTURE*

- *HTTP://WWW.RONJONES.ORG/WEBLINKS/MRSA-PHOTOS.HTML*

- *HTTP://WWW.WEBMD.COM/SKIN-PROBLEMS-AND-TREATMENTS/SLIDESHOW-*
- *CLOSER-LOOK-AT-MRSA*

- *HTTP://EN.WIKIPEDIA.ORG/WIKI/MRSA- METHICILLIN RESISTANT*

LA PERVERSITE SEXUELLE

- *AIDS PREVENTION AND TREATMENT: PSYCHOLOGY'S ROLE IN THE HEALTH CRISIS,*
- *AIDS, HTTP://EN.WIKIPEDIA.ORG/WIKI/AIDS*
- *WEISS RA (MAY 1993). "HOW DOES HIV CAUSE AIDS? » SCIENCE (JOURNAL) 260 (5112) : 12739*
- *HTTP://WWW.AIDS.GOV/*
- *SAN FRANCISCO AIDS FOUNDATION (2006-04-14). "HOW HIV IS SPREAD". RETRIEVED ON 2006-05-23.*
- *WWW.AIDSONLINE.COM*
- *HTTP://WWW.AIDSINFO.NIH.GOV/CONTENTFILES/PEDIATRICGUIDELINES_PDA.PDF*
- *HTTP://WWW.CDC.GOV/MMWR/PREVIEW/MMWRHTM L/00023587.HTM*
- *HTTP://NEWS.BBC.CO.UK/HI/ARABIC/IN_DEPTH/2003/AIDS/DEFAULT.STM*
- *HTTP://WWW.AIDS.COM*
- *HTTP://WWW.UNAIDS.ORG/BANGKOK2004/DOCS/*
- *HTTP://UCATLAS.UCSC.EDU/HEALTH/AIDS/AIDS KIDS.PHP*
- *WWW.SCIENCEDIRECT.COMWWW.*
- *WEBMD.COM/NEWS/20071016/MORE-US-DEATHS-FROM-MRSA-THAN-AIDS-*
- *WWW.MRSA.BEST-HEALTH-GUIDE.INFO/STAPH-INFECTION-PICTURE*
- *WWW.RONJONES.ORG/WEBLINKS/MRSA-PHOTOS.HTMLWWW.*
- *WEBMD.COM/SKIN-PROBLEMS-AND-TREATMENTS/SLIDESHOW-CLOSER-LOOK-AT-MRSAWWW.*
- *EN.WIKIPEDIA.ORG/WIKI/MRSA-METHICILLIN RESISTANT*

LES MENSTRUATIONS

- *TEXTES BIBLIQUES LEVITIQUE (15:19-30:)*
- *BOURCET (1990), COMPT.REND, ACAD.D.SC., PARIS, P. 493.*
- *MACHT, D.1(1943) : ETUDES SUR LES TROUBLES MENSTRUELS TOXINES, AMER J. MED. SC., 206:281.*
- *SAMITH, O.W.ET SMITH G.V(1940) "MENSTRUEL SDISCCHARGE DE LA FEMME -TOOXICITY CHEZ LE RAT »EXPER.BIOL & MED., 44:100.*
- *SAMITH.O.W ET SMITH G.V (1944) "ETUDES SUR L'ECOULEMENT MENSTRUEL DE LA FEMME». EXERCE. BIO. & MED., 56: 285.*
- *SAMITH, O.W.ET SMITH G.V (1945)"AFIBRIOLYTIC ENZYMATIQUE DANS LES MENSTRUATIONS ET GROSSESSES TARDIVES». SCIENCE102 :235.*
- *G.SMITH V (1946) "ETUDES SUR LA TOXINE MENSTRUEL PDT LES MENSTRUATIONS ET TOXEMIE GRAVIDIQUE" EXPER. BIOL & MED.62 :227*
- *SMITH, O, W(1950) LA MENSTRUATION ET SES TROUBLES ". ENGLE CHARIES C. THOMAS, CHAMP PRINTEMPS, III*
- *REYNOLDS, SRM (1947) : «LA BASE PHYSIOLOGIQUE DE LA MENSTRUATION" ZONDEK B. (1953), "EST-CE QUE LE SANG MENSTRUEL CONTIENNENT UNE TOXINE SPECIFIQUE? AMER J. OBST & GYN. 65: 1068.*
- *JEFFCOATE, TN, A (1967), "PRICIPLESOF GYNECOLOGIE" BUTTERWORHTE - LONDRES. ÉD. III.*
- *ABDELLATIF, M. HEFNAWY. F. SOLIMAN A. UN KANDIL, O. HABLAS F, R, A., SAMI, GE, (1976) : «FLORE VAGINAL AU COURS DU CYCLE MENSTRUEL, UNE APPROCHE A LA CLARTE DE VUE ISLAMIQUE CONCERNANT L'HYGIENE MENSTRUELLE»*
- *UNDRY J.R. ET AL (1969) : "LA DISTRIBUTION DU COÏT DANS LA MENSTRUEL CYCLE" NATURE (LONDON), 222: 1063.*
- *CRTS, E. ET HOFFMAN, J. (1950) «L'HYGIENE AU MOMENT DE MENSTRUATION".*

LE SANG

- *WYLIE'S TEXTBOOK OF ANAESTHESIA. GRAY'S ANATOMY*
- *BRITISH ENCYCLOPEDIA -ISLAMIC EDUCATION LIKE ISLAMIC SCIENCES EVOLVED ROUND THEOLOGY*
- *MODERN EGYPT. EARL- KROMMER PART II P.179-181*
- *THORNTON'S TEXTBOOK OF MEAT INSPECTION*
- *HTTP://WWW.EXPLOREPUB.COM/ARTICLES/ENDERLEIN1.HTML;*
- *KARL WINDSTOSSER, POLYMORPHIC SYMBIONTS AS POTENTIAL COFACTORS IN CANCER PROCESSES", EXPLORE, VOL. 7, NO. 6, 1997*
- *HTTP://BIOMEDX.COM/MICROSCOPES/RRINTRO/RR2.HTML*
- *ISLAMIC MEDICAL ASSOCIATION PUBLICATIONS GEORGE SALES TRANSLATION 1825 ED YOUSEF ALI'S TRANSLATION- MISS MACNAGHTEN-PISTOL VERSUS POLEAXE*
- *OXFORD ENGLISH DICTIONARY - MEANING OF SLAUGHTER CALLOW. E. H. FOOD -HYGIENE. CAMBRIDGE. 1952. P.14*
- *HUMANE KILLING OF ANIMALS. UNIVERSITES FEDERATION OF ANIMAL WELFARE*

LE POUVOIR DE L'EAU

- *PRISE EN CHARGE SYMPTOMATIQUE DE LA FIEVRE CHEZ L'ENFANT, LE GENERALISTE NO 2317, 28 JANVIER 2005*
- *L'ALPHABET DES FAUSSES URGENCES, LE GENERALISTE NO 2193, 16 AVRIL 2002*
- *TRAITER LA FIEVRE CHEZ L'ENFANT, P. BENKIMOUN, LE MONDE, 3 NOVEMBRE 2004*
- *PIERRE FOUCAUD, « PRIVILEGIER LE PARACETAMOL EN MONOTHERAPIE »S. BLANCHARD, LE MONDE, 3 NOVEMBRE 2004*
- *ABD-ALMALEK BN HABIB AL-ANDALOUSSI, LA MEDECINE PROPHETIQUE.*
- *DRMAHMOUD NAZEM AL-NASSIMI, LA MEDECINE PROPHETIQUE ET LA SCIENCE MODERNE,*
- *DR HAMED AL-GHAZALI, ENTRE LA MEDECINE ET L'ISLAM, ED. AU CAIRE, 1967.*

LA SOLIDARITE

- *HTTP://WWW.55A.NET/FIRAS/FRENCH/?PAGE=SHOW_DET&ID=89*
- *CONFERENCE INTERNATIONALE DU MIRACLE SCIENTIFIQUE DU CORAN 2004-DUBAI*

LA MISE EN QUARANTAINE

- *HTTP://WWW.55A.NET/FIRAS/FRENCH/?PAGE=SHOW_DET&ID=89*
- *CONFERENCE INTERNATIONALE DU MIRACLE SCIENTIFIQUE DU CORAN 2004-DUBAI*

Printed by Books on Demand GmbH, Norderstedt / Germany